AF282559

Kajetan Hinner

Online-Umfragen: Einführung in Technik, Gestaltung und
Auswertung von WWW-Umfragen

Alle in diesem Buch enthaltenen Programme, Darstellungen, Links und (generell) Informationen wurden nach bestem Wissen erstellt und sorgfältig geprüft und getestet. Dennoch lassen sich Fehler nie ganz ausschließen. Deshalb ist das in dem vorliegenden Buch enthaltene (Programm-)Material mit keiner Verpflichtung oder Garantie irgend einer Art verbunden. Der Autor übernimmt infolgedessen keine Verantwortung und wird keine daraus folgende Haftung übernehmen, die auf irgend eine Art aus der Benutzung dieses (Programm-)Materials, oder Teilen davon, oder durch Rechtsverletzungen Dritter entsteht.

Die Wiedergabe von Gebrauchsnamen, Handelsnamen, Warenbezeichnungen usw. in diesem Buch berechtigt auch ohne besondere Kennzeichnung nicht zu der Annahme, daß solche Namen im Sinne der Warenzeichen- und Markenschutz-Gesetzgebung als frei zu betrachten wären und daher von jedermann verwendet werden dürfen.

Alle Warennamen werden ohne Gewährleistung der freien Verwendbarkeit benutzt und sind möglicherweise eingetragene Warenzeichen. Der Autor richtet sich im wesentlichen nach der Schreibweise des Herstellers. In diesem Buch genannte Produkte können Warenzeichen des jeweiligen Herstellers sein.

Dieses Werk ist urheberrechtlich geschützt.

Alle Rechte, auch die der Übersetzung, des Nachdruckes und der Vervielfältigung des Buches oder Teilen daraus, vorbehalten. Reproduktionen jeder Art (Fotokopie, Mikrofilm, Scannen oder ein anderes Verfahren) nur mit schriftlicher Genehmigung des Autors gestattet.

© 2024 Kajetan Hinner

Verlag: BoD · Books on Demand GmbH, In de Tarpen 42,

22848 Norderstedt, bod@bod.de

Druck: Libri Plureos GmbH, Friedensallee 273, 22763 Hamburg

ISBN: 978-3-7693-2671-0

MIX
Papier aus verantwortungsvollen Quellen
Paper from responsible sources
FSC® C105338
FSC
www.fsc.org

Inhaltsverzeichnis

1 Vorwort zur fünften Auflage

Die ersten beiden Auflagen orientierten sich noch sehr stark an der universitären Entstehungsgeschichte des Buches. Nun ist es an der Zeit, jüngere Entwicklungen aufzunehmen, einzelne Kapitel weiter auf den aktuellen Stand zu bringen oder sogar zu streichen.

Seit über zwanzig Jahren führt der Autor WWW-Umfragen durch. Eigentlich war eine Veröffentlichung dieses Buches für das Jahr 2007 geplant, diese konnte allerdings aufgrund von anderen Projekten nicht erfolgen. Mit der Zeit geriet das Manuskript etwas in Vergessenheit. Vor einigen Jahren erfolgte schließlich die Veröffentlichung der ersten Auflage, auch weil einige RST-Anwender dazu ermuntert hatten.

Die erste und teilweise auch die zweite Auflage waren somit nur ein rudimentäres Manuskript, für die kommenden Auflagen wird eine behutsame Überarbeitung und eine Aktualisierung der Inhalte schon jetzt angekündigt. Auch der Anhang, in dem sich eine Einführung in Linux-Befehle und eine Verwaltung eines Servers unter Debian-Linux befindet, wird noch weiter überarbeitet werden. Dies soll nicht zulasten eines historischen Rückblicks gehen. Wenn man sich vor Augen hält, daß das erste *iPhone* erst vor gut zehn Jahren vorgestellt wurde - und seitdem völlig neue Märkte entstanden sind und ehemalige Marktführer untergegangen sind - schadet ein wenig Innehalten und eine historische Rückschau nicht.

Dieses Buch beinhaltet auch Erfahrungen aus der Durchführung von Lehrveranstaltungen zum Thema. Ich danke den ehemaligen Studierenden in Rostock und Mainz sowie den vielen Kommentaren und Verbesserungsvorschlägen, die mich aus aller Welt zu meinem Fragebogenprogramm *RST* erreichten.

Die zweite Auflage erweitert das Buch im wesentlichen um zwei Themenblöcke: Zum einen wird die Wichtigkeit von „reinem HTML" betont, d.h. aktive Inhalte sollten vermieden werden. Zum anderen kam ein neues Kapitel zum Fragebogenprogramm „RST" des Autors hinzu.

Die dritte Auflage erweitert dieses Buch um Befehle, die mit HTML5 hinsichtlich der Gestaltung von Online-Umfragen hinzugekommen sind.

Die Ergänzungen der vierten Auflage haben den Schwerpunkt *Sicherheit*. Durch das Ende der Übergangszeit am 25. Mai 2018 ist die Datenschutzgrundverordnung (*DSGVO*) in großem Umfang wahrgenommen worden. Es wurde deshalb auch ein allgemein gehaltenes Kapitel hinzugefügt zur Einrichtung eines komplett verschlüsselten Linux-Rechners, mit dem die erhobenen Daten ausgewertet werden können.

Eigentlich sollte gleich nach der Einführung der „DSGVO" - die *Datenschutzgrundverordnung* - diese Auflage publiziert werden.

Aufgrund verschiedener Umstände kam es nun nicht dazu.

Die fünfte Auflage wurde um ein Kapitel zum Online-Fragebogen-Anbieter „*LimeSurvey*" ergänzt. Dazu wurde SPSS-Syntax, die auch konkret verwendet wird, mit abgedruckt.

Der Autor möchte hier noch einmal bekräftigen, an wen sich dieses Buch richtet:

- an Programmierer von Online-Fragebögen

- an Auftraggeber, die Online-Fragebögen für sich erstellen lassen

und schließlich auch an

- Teilnehmer von Online-Befragungen

Es ist an einigen Stellen ein sehr techniklastiges Buch. Dies bringt der Gegenstand mit sich.

Für Programmierer sollte interessant sein, wie eigentlich genau Online-Fragebögen programmiert werden und wie man komplett unabhängig von anderen Dienstleistern die Daten auf eigenen Servern speichern kann.

Für Auftraggeber sollte interessant sein, in welchem Spannungsfeld sich die Programmierer bewegen und was überhaupt technisch möglich ist.

Gerade im Bereich *Datenschutz* ist die Bandbreite der Positionen enorm:

- *Influencer*, die auf sozialen Netzwerken mehr oder weniger intime Details von sich und ihren Kindern oder ihrem Umfeld preisgeben und völlig unkontrolliert veröffentlichen.

bis zu

- Aktivisten, die sich fast in einem *paranoiaartigen* Zustand befinden und denken, sie seien Opfer von Cyber-Attacken und Spionage.

Die Thematik „Speichern von Daten" und „Arten von Daten" wurde in dieser Auflage somit gezielt aufgegriffen und bearbeitet.

2 Einführung

Der Aufstieg des Internet beeinflußt auch die empirische Sozialforschung. Soziologen und Psychologen, Wirtschaftswissenschaftler und Marketing-Fachleute, Behörden und Unternehmen – Online-Umfragen sind nicht mehr wegzudenken. Viele haben bereits erste Erfahrungen damit gesammelt, andere möchten in naher Zukunft Online-Umfragen durchführen. Dieses Buch liefert in geraffter Form eine Einführung zum Thema WWW-Umfragen. Der Leser soll damit in die Lage versetzt werden, die technischen und theoretischen Hintergründe zu verstehen und eigene Umfragen durchzuführen.

Dazu werden in einem ersten Teil die notwendigen technischen Grundlagen kurz vorgestellt. Dieser Teil ist bewußt knapp gehalten, es wird bei Bedarf auf weitere Literatur verwiesen. Im Anschluß folgt ein Kapitel zur Datenerhebung.

Abgeschlossen wird dieses Buch mit Hinweisen zum Design von Online-Fragebögen und allgemeinen Bemerkungen und Empfehlungen für die Durchführung einer Online-Umfrage. Im Anhang finden sich nahezu alle relevanten HTML-Tags für die technische Gestaltung eines Online-Fragebogens.

3 Technische Grundlagen

Ohne die notwendige technische Infrastruktur sind WWW-Umfragen nicht durchzuführen.

3.1 Kurze Internet-Einführung

Dieses Kapitel erläutert die wesentlichen technischen Begriffe, die für das Verständnis der technischen Grundlagen von Online-Umfragen notwendig sind. Viele Begriffe werden ausführlicher im Glossar erläutert. Mit diesen Vertraute können dieses Kapitel deshalb überfliegen.

Gleich zu Beginn eine Klarstellung: Das Internet ist nicht mit dem *World-Wide-Web* (WWW) gleichzusetzen, das Internet erschöpft sich nicht in dem, was Suchmaschinen indizieren.

Das WWW ist nur ein Teil des Internet, allerdings bei weitem der bekannteste und populärste. Das Internet ist im Grunde genommen nichts anderes als die Menge von Netzwerkgeräten, die über das Internet-Protokoll *TCP/IP* untereinander verknüpft sind. Computer können über verschiedene Protokolle miteinander vernetzt werden, neben *TCP/IP* gibt (oder gab) es etwa *ATM*, *AppleTalk*, *TokenRing* oder *Novell Netware*. Eine technische Vernetzung ist notwendig für den Datenaustausch zwischen Programmen, die auf den Rechnern laufen.

Beim Internet-Protokoll ist die Internet-Adresse, auch *IP-Adresse* oder nur kurz *IP*, essentiell für die Erreichbarkeit und Adressierung eines Netzwerkgeräts. Die IP-Adresse besteht aus vier Zahlen zwischen *0* und *255*, die durch einen Punkt getrennt werden, z.B. *192.168.1.0* oder *192.187.10.10* – eine Adresse wie *100.800.20.5* wäre dagegen ungültig.

Eine kurze Anmerkung: Neben *IPv4*, wie es hier im weiteren behandelt wird, gibt es auch *IPv6*. Die Adressierung der beteiligten Netzwerkgeräte erfolgt auf eine andere Art und Weise. Dieses Buch beschränkt sich auf *IPv4* und empfiehlt Einsteigern und auch ambitionierten Anwendern, vorläufig bei diesem Protokoll zu bleiben. IPv6 sollte nur einsetzen, wer sich in der Lage sieht, die notwendigen Sicherheitsaspekte im Griff zu haben (etwa IPv6-Firewall, sicherer IPv6-Betriebssystemunterbau, -switches etc.).

Der Datenverkehr zwischen zwei Netzwerkgeräten im Internet geht aber nicht nur von IP zu IP, sondern es gibt noch eine feinere Granulierung in der Adresse, den *Port*. Durch Standardisierung und Konvention sind bestimmte Port-Nummern für diesen zugeordnete Dienste reserviert worden. Am bekanntesten ist sicherlich Port 80, denn darüber wird der Datenverkehr im *World-Wide-Web* in erster Linie adressiert.

Weitere wichtige Port-Nummern sind z.B.

> 22   *ssh*   Verwaltung eines Computers über *Secure Shell*
>
> 21   *ftp*   Datenübertragung von Dateien und Programmen über *File Transfer Protocol*
>
> 443   *https*   Sichere Datenübertragung von WWW-Seiten (*hypertext transfer protocol secure*)

Port-Nummern sind generell Zahlen zwischen 1 und 65535.

Weil sich die vierstelligen Zahlen der IP-Adresse aber sehr schwer merken lassen, können Internet-Adressen auch als FQDN (*fully qualified domain name*) geschrieben werden, z.B. *www.hinner.com*. Auch hier wird durch Punkte getrennt, hinter dem letzten Punkt folgt die *Top Level Domain* (TLD), entweder eine Länderkennung (zweibuchstabig, z.B. *.de* für Deutschland) oder spezielle Endungen, z.B.

.us für US-amerikanische Institutionen oder *.com* für kommerzielle Adressen). Die früher recht rigide gehandhabte Vergabe von TLDs wurde in jüngster Zeit stark aufgeweicht, neben *.info* oder *.tel* gibt es z.B. auch *.berlin* oder *.bayern.*

Die Übersetzung zwischen dem FQDN und einer IP wird durch den *Domain Name Service* (DNS) durchgeführt. Dafür gibt es spezielle DNS-Server, die für bestimmte TLD zuständig sind.

Etwas verkürzt passiert beim Abruf einer WWW-Seite (z.B. *www.hinner.de*) durch einen *Client* (Daten abrufender Rechner) von einem *Server* (Daten liefernder Rechner) folgendes:

- Der Benutzer tippt *www.hinner.com* in die Adreßzeile des *Browsers* vom Client-Computer ein

- Der Client-Computer versucht, den FQDN *www.hinner.de* in eine IP-Adresse aufzulösen. Dazu stellt er eine entsprechende Anfrage an den auf dem Client-Computer konfigurierten DNS-Server. Bei Privatanwendern ist dies meist der heimische DSL-Router, bei größeren Netzwerken ein eigens konfigurierter DNS-Server oder der DNS-Server des Internet-Zugangproviders. In kürzester Zeit erhält der Client-Computer vom DNS-Server die Antwort (etwa: *69.64.36.42*).

- Der Client-Computer baut eine TCP/IP-Verbindung zum Port 80 des Rechners *69.64.36.42* auf (Port 80 deshalb, weil es um eine WWW-Anfrage geht und der für diesen *service* definierte Port ist 80).

- Sobald die Verbindung steht, fordert der Client im Normalfall die WWW-Seite „index.html" an. Der Server liefert anschließend bei einer Standard-Konfiguration den Inhalt dieser Datei aus.

- Der *Browser* zeigt den Inhalt der Datei an und berücksichtigt dabei die Steuerbefehle, die in einer HTML-Datei über *tags* übermittelt werden. Es kann auch sein, daß über diese Steuerbefehle weitere Elemente, z.B. Bilder, nachgeladen werden sollen. Diese fordert der Browser dann extra an, die Vorgehensweise ist wie zu Beginn dieser Erläuterung (Namensauflösung etc.). Um den gesamten Prozeß zu beschleunigen, speichert der Browser bereits in der Vergangenheit geladene Elemente in einem Zwischenspeicher (*cache*). Auch bereits angeforderte FQDN werden im *DNS-Cache* gespeichert. Manche *caches* entziehen sich auch dem Einfluß des Client-Computers, z.B. können Internet-Zugangsprovider auch DNS-Adressen oder sogar Bilder über einen eigenen *cache* ausliefern oder Bilder in einer geringeren Auflösung weiterleiten (z.B. um das Datenaufkommen in Mobilfunknetzen gering zu halten).

Der Kommandozeilen-Befehl *wget* (z.B. unter Linux) zeigt die einzelnen Schritte nachvollziehbar an:

```
/tmp$ wget www.hinner.de
--2013-10-29 12:53:04--  http://www.hinner.de
Auflösen des Hostnamen www.hinner.de... 69.64.36.42
Verbindungsaufbau zu www.hinner.de|69.64.36.42|:80... ver-
bunden.
HTTP-Anforderung gesendet, warte auf Antwort... 200 OK
Länge: 11922 (12K) [text/html]
In »index.html« speichern.
```

Diese exemplarische Veranschaulichung kann für eine Eingrenzung des Fehlers verwendet werden, sollte etwas nicht wie gewünscht funktionieren. Sehr häufig sind z.B. Fehler bei der Namensauflösung - manchmal kann es helfen, einen anderen DNS-Server zu konfigurieren (z.B. 208.67.222.222 oder 208.67.220.220 für *OpenDNS*).

3.2 Online-Umfragen

Damit eine Online-Umfrage durchgeführt werden kann, müssen technische Voraussetzungen erfüllt sein. Folgende Notwendigkeiten bestehen ohne Reduktionsmöglichkeit:

Anbieterebene	Befragtenebene	Vermittlungsebene
- Server: Stromversorgung - Hardware, Software - Wartung (Fehlerbehebung)	- Plattform (Betriebssystem) für WWW-Browser - Internet-Anbindung mit entsprechender Datenübertragungsrate	- Netzwerkverbindung - Stromversorgung - Akzeptable Datenübertragungsrate

Dieses Buch thematisiert die Erstellung von Online-Umfragen. Für die Durchführung einer Online-Umfrage liegt daher das Schwergewicht auf der Anbieterebene. Dies bedeutet, daß für eine erfolgreiche Online-Umfrage ein Server mit geeigneter Hard- und Software ausgewählt werden muß. Dies bedingt eine ständige Wartung. Zudem gilt:

> **Online-Umfragen müssen so gestaltet sein, daß möglichst wenige potentiell Befragte aufgrund technischer Gründe von der Beantwortung der Umfrage ausgeschlossen sind.**

Diesen Punkt kann man nicht deutlich genug herausstellen und im weiteren Verlauf dieses Buches wird ein besonderes Augenmerk darauf gelegt, daß z.B. Webdesign-Entscheidungen die Menge der Umfrageteilnehmer, die nicht antworten können (weil z.B. der *Browser* die verwendeten technischen Möglichkeiten nicht unterstützt) so klein wie möglich halten.

3.3 Hardware

Ein Computer, der Anfragen von anderen Rechnern beantwortet, wird *Server* genannt. Er serviert Datenpakete an die anfragenden Rechner. Die Anfragen werden von dem WWW-Browser erzeugt, z.B. *Netscape Navigator, Internet Explorer, KDE Konqueror, Mozilla Firefox, Opera, Apple Safari, Google Chrome, Microsoft Edge.*

WWW-Umfragen müssen zwangsläufig von einem WWW-Server bedient werden. Ein WWW-Server ist ein Programm, das auf einem Rechner läuft, der an das Internet angebunden ist. Ein häufig verwendetes WWW-Server-Programm ist „Apache".

Damit WWW-Umfragen durchgeführt werden können, ist ein WWW-Server-Programm zwingend notwendig. Es ist allerdings nicht unbedingt notwendig, daß derjenige, der die Umfrage durchführt, sich auch um den WWW-Server kümmern muss. Dies kann auch durch externe Dienstleister erledigt werden. Im wesentlichen gibt es drei Möglichkeiten: Hosting, Root-Server, eigener Server.

3.3.1 Hosting

1. Hosting wird die Dienstleistung genannt, WWW-Server-Dienste anzubieten. Das heißt, der Hosting-Service betreibt den WWW-Server, kümmert sich um Betrieb und Wartung der Hardware und die Server-Software. Damit sind in den meisten Fällen Updates der Betriebssystemsoftware eingeschlossen. Auch die Konnektivität, d.h. die Netzwerkanbindung an das Internet fällt unter seine Verantwortung. Der Kunde muss die Möglichkeit haben, seine Dateien (z.B. WWW-Seiten) auf seinen Hosting-Bereich zu übertragen.

2. Beim Root-Server mietet der Kunde vom Anbieter einen „root"-Zugang im Rechenzentrum. Root ist der Unix-Benutzer mit allen Rechten, d.h. bei einem Root-Server verfügt man über uneingeschränkten Software-Zugriff auf den Rechner. Obwohl bei Windows-Servern der Benutzer mit allen Rechnern Administrator heißt, hat sich der Begriff Root-Server auch in diesem Bereich etabliert. Im Gegenzug ist man allerdings auch bei den meisten Root-Server-Angeboten für die Wartung (z.B. das Einspielen von Updates, das Lesen der Ereignis-Dateien) der Software verantwortlich. Möchte man aus Kostengründen nicht einen kompletten Rechner als Root-Server mieten, sondern Root-Zugriff, aber

zu günstigeren Konditionen: *Virtuelle Root-Server* teilen sich die Hardware eines Rechners, sind aber über Software voneinander abgeschottet[1].

3. Eigener Server: Sie sind komplett selbst für den Rechner verantwortlich – sowohl für die Hard- als auch die Software. Von *Server-Homing* spricht man, wenn der eigene Rechner in einem Rechenzentrum (Regalstellplatz) gegen Gebühr (Stromversorgung, Internet-Anbindung) untergebracht wird.

Im folgenden werden die Vor- und Nachteile der Hardware-Entscheidung bezüglich WWW-Umfragen tabellarisch zusammengestellt – dazu ebenso ein Überblick zu den Kosten:

---

[1] Die Abschottung soll in der Theorie absolut sein, in der Praxis könnte es sein, daß durch Sicherheitslücken ein „Ausbruch" aus der virtuellen Maschine erfolgen kann und somit die Daten anderer Kunden auf dem gleichen Server ausgelesen werden können.

	3.3.1.1 Hosting
Hardware	wird gestellt, ggf. ausgetauscht. Kann angepaßt werden. Evtl. Unterbrechungsfreie Stromversorgung. **Kosten**: Mietkosten, z.B. pro Monat, evtl. Mindestvertragslaufzeit.
Software	Wird gestellt und gewartet. Evtl. automatische Updates. Evtl. Einschränkungen, z.b. kein CGI (Perl) oder PHP. **Kosten**: Evtl. Zusatzkosten bei Sonderwünschen, z.B. CGI-Skripte oder Datenbank.
Internet-Anbindung	oft über mehrere Leitungen angebunden.
Datenschutz (Zugriff auf die Umfragedaten)	nicht gegeben (sofern die Festplatte nicht verschlüsselt ist, hat der Provider Zugriff).

Tabelle 1, im Überblick: *Hosting, Root-Server, Eigener Server*

	3.3.1.1.1 Root-Server
Hardware	wird gestellt, ggf. ausgetauscht. Kann angepaßt werden. Evtl. Unterbrechungsfreie Stromversorgung. **Kosten**: Mietkosten, z.B. pro Monat, evtl. Mindestvertragslaufzeit.
Software	Wird nicht gestellt bzw. nur eine Grundinstallation. Updates, Sicherheit (*Firewall*) und Betriebsbereitschaft in eigener Verantwortung. **Kosten**: Keine Zusatzkosten bei der Installation von Open-Source Programmen, Zusatzkosten bei kostenpflichtigen Programmen.
Internet-Anbindung	oft über mehrere Leitungen angebunden.
Datenschutz (Zugriff auf die Umfragedaten)	nicht gegeben (sofern die Festplatte nicht verschlüsselt worden ist, hat der Provider nach einem Ausbau Zugriff).

	3.3.1.1.2 Eigener Server
Hardware	Eigene Verantwortung.
	Kosten: Anschaffungskosten, evtl. Leasing, evtl. Wartungs- und Reparaturkosten.
Software	Eigene Verantwortung.
	Kosten: Fachpersonal oder keine (eigener Zeitaufwand).
Internet-Anbindung	eigene Auswahl, evtl. nur eine Leitung (wenig ausfall-sicher).
Datenschutz (Zugriff auf die Umfrage-daten)	gegeben (so lange der eigene Server physisch gesichert ist).

Ohne noch weiter ins Detail gehen zu wollen: Nur bei dem direkten Zugriff auf die Hardware des Umfragen-Servers oder der kompetent durchgeführten Verschlüsselung der Festplatte ist der Datenschutz gewährleistet. Ansonsten kann nicht ausgeschlossen werden, daß z.B. über den Ausbau der Festplatte oder das Abhören des Netzwerk-verkehrs auf Umfragedaten zugegriffen werden kann - wobei gene-rell, seit den Veröffentlichungen von *Edward Snowden* davon ausge-gangen werden muß, daß staatliche Institutionen grundsätzlich den Netzwerkverkehr mitschneiden. Diese Schwachstellen könnten durch Verschlüsselung auf allen Ebenen (nur Umfragen über verschlüssel-ten WWW-Zugriff, Ablage der Umfragedaten auf verschlüsselten Massenspeichern) beseitigt werden - oder das Abhören zumindest er-schwert werden. Aber es könnte alleine aus dem Datenschutzgrund geboten sein, den Umfragen-Server in den eigenen Räumlichkeiten (Firma, Institut) unterzubringen.

Auch wenn der physische Zugriff auf die Festplatte mit den Umfra-gedaten so unterbunden werden kann, ist es natürlich immer noch denkbar, aufgrund von Sicherheitslücken oder Konfigurationsfehlern anderen den unerwünschten Zugriff auf die Umfragedaten über das Internet ermöglicht zu haben.

3.4 Software

In Zusammenhang mit der Hardware-Plattform, auf der die WWW-Umfrage ablaufen soll, steht die Frage nach dem Betriebssystem und der Umfragensoftware.

3.4.1 Betriebssystem

Im wesentlichen gibt es *Windows*-Betriebssysteme von *Microsoft*, macOS (früher Mac OS X und OS X) von *Apple* und verschiedene Unix bzw. Linux-Varianten.

An dieser Stelle soll vorausgeschickt werden, daß es hier keine generell beste Lösung geben kann. Je nach Anforderungsprofil und bestehender Softwareumgebung sowie Betriebssystemerfahrung und – kenntnis der Mitarbeiter (IT-Abteilung) kann ein anderes Betriebssystem favorisiert werden.

Für einen langjährigen Online-Umfragen-Server hat sich der Autor aus folgenden Gründen für Linux bzw. FreeBSD (beides sind Unix-artige Betriebssysteme) entschieden:

- Die *Wartungs-* und *Updatekosten* von *Microsoft Windows* sind spätestens seit Windows XP schwer kalkulierbar geworden (es gibt nach wie vor selbst unter Windows 10 keine Paketverwaltung für die Verwaltung von Abhängigkeiten von Programmpaketen oder Programmbibliotheken unter Windows). In Kombination mit einem WWW-Server erschien Linux auf der ersten und zweiten Blick deutlich günstiger als ein Windows-System zu sein.

- Der *Hardwarebedarf* von Linux ist sehr maßvoll bei reinen Server-Zwecken. Ein Pentium-Prozessor mit 120 MHz z.B. genügte unter Linux (erst *Slackware*, dann *Debian*) seit 1996 (bis 2003) als WWW- und Umfragenserver. Bei der heute gängigen Rechenleistung sollte es überhaupt kein Problem sein, einen Linux-Server zu betreiben. Für kleinere Umfragen könnte z.B. bereits ein *Raspberry Pi* genügen.

- Unter *Sicherheitsaspekten* (Übersicht der laufenden Programme, Wartung, Anfälligkeit vor Viren, Würmern, Einsicht in den Quelltext etc.) schienen Linux oder FreeBSD generell besser geeignet zu sein.

- Ein Unix-Server ist sehr leicht aus der Ferne über Internet zu warten (früher *telnet*, jetzt *ssh*).

- Ein eher emotionales Argument: Bei Linux und FreeBSD kann ein Systemadministrator eher nachvollziehen, wie sich das Betriebssystem verhält und ggf. das erwünschte Verhalten reproduzierbar herbeiführen[2].

Wenn die Wahl auf Linux als Serverbetriebssystem gefallen ist, steht als nächstes die Wahl zwischen den verschiedenen Distributionen an. Früher gab es *Slackware*, inzwischen hat man die Wahl zwischen *Novell (ehemals SuSE)*, *RedHat*, *Debian*, *Devuan* oder *Ubuntu* sowie einer Vielzahl kleinerer Distributoren. *Mandrake/Mandriva* war eher im französischen Sprachraum geläufig, *RedHat* ist es eher im amerikanischen. Zudem hat sich RedHat inzwischen eher auf Firmen-Kunden spezialisiert und verbreitet die einfache Linux-Version unter dem Namen *Fedora*. Auf *Debian Linux* (damals noch in der Version 2.1 *Slink*) fiel die Entscheidung nach *Slackware*, weil:

- Debian Linux vollkommen kostenlos erhältlich ist.

- Es ein nichtkommerzielles Projekt vieler Freiwilliger ist, d.h. zum einen: hohe Zukunftssicherheit. Über diesen Aspekt kann man sicherlich unterschiedlicher Meinung sein. Ein kommerzielles Unternehmen kann sowohl für ein Produkt bürgen, es auf der anderen Seite auch „auslaufen" lassen und nicht mehr weiterentwickeln bzw. es kann von einer anderen Firma aufgekauft und alsdann eingestellt werden. Auf der anderen Seite kann ein freiwilliges Projekt auch mangels Interesse „einschlafen". Bei Debian Linux ar-

---

[2] Leider wurde dies in den Augen des Autors durch *systemd* etwas konterkariert. Der Autor empfiehlt deshalb inzwischen die Distribution *Devuan*.

beiten allerdings fast Tausend Personen aus aller Welt mit – die Gefahr eines Scheiterns ist sehr gering.

- Die Debian-Paketverwaltung gab letztendlich den Ausschlag. Jedes Programm, das installiert werden muß, benötigt Konfigurationsdateien, Einträge in diverse Listen, andere bereits installierte Programme, Zugriff auf Funktionen, die über Programmbibliotheken bereitgestellt werden etc. Bei Debian-Linux werden bei der Installation eines Programms die von diesem benötigten anderen Programme erkannt und mitinstalliert. Der Administrationsaufwand für den Betrieb eines WWW-Servers wird dabei auf ein Minimum beschränkt.

- Erst eine leistungsfähige Paketverwaltung ermöglicht ein leistungsfähiges Update-System bei Sicherheitsproblemen. Bei Debian-Linux muß nur das neue Paket eingespielt werden. Bei Bedarf werden diese *Security-Updates* zentral von einem Debian-Sicherheits-Team erstellt. Es liegt auf der Hand, daß die Sicherheitsproblematik auf einem Umfragen-Server einen zentralen Stellenwert hat. Die Befragungsdaten dürfen keinesfalls in die falschen Hände gelangen (Zusicherung der Anonymität).

Debian Linux ist inzwischen für Produktionsumgebungen in der Version 12.4 („*Bookworm*") verfügbar.

Neben Linux böte sich auch FreeBSD, ein Unix-artiges Betriebssystem an. Es würde zu weit führen, hier in ähnlicher Ausführlichkeit auf FreeBSD einzugehen. Es ist bei weitem nicht so verbreitet wie Linux, etwas schwerer zu installieren und zu warten, auf der anderen Seite etwas konservativer und näher an der „Basis".

3.4.2 Spezielle Programme

Das Betriebssystem bildet die Basis für das WWW-Server-Programm und der Umfragensoftware. Bei Linux bietet es sich an, *Apa-*

che zu installieren. Diesen WWW-Server gibt es in zwei Versionen (1.x, 2.x), die beide kostenlos erhältlich sind.

WWW-Umfragen können allerdings nur rudimentär ohne weitere Hilfsprogramme ablaufen. Zwar könnten einfache Umfragen rein mit einem WWW-Server abgehalten werden, allerdings ist es bequemer und für weiterführende Anforderungen auch erforderlich, noch eine Programmier- oder Scriptsprache zu installieren. Programme in diesen Sprachen übernehmen dann die Aufbereitung des Fragebogens und den Umgang mit den Daten. Hierzu sind *Perl* und *PHP* weit verbreitet. Beide Sprachen sind von der Funktionalität und dem Einsatzzweck her vergleichbar. Gemeinsam ist beiden, daß sie auf dem WWW-Server ausgeführt werden. PHP wird für neuere Projekte vorzugsweise verwendet, weil sich Datenbankabfragen leicht integrieren lassen und es als etwas schneller als *Perl* gilt. Dagegen lassen sich in *Perl* leichter umfangreiche Programme oder Skripte schreiben.

Das vom Autor entwickelte Fragebogenprogramm RST wurde in *Perl* geschrieben. Aus diesem Grund wird im folgenden ein Schwerpunkt auf die Einbindung von *Perl*-Programmen in das System gelegt.

3.5 Anleitung: Installation eines Linux-Rechners mit verschlüsselter Festplatte

Das Thema IT-Sicherheit rückt mehr und mehr in den Vordergrund. Ein besonders starker Schub kam mit dem Ende der Übergangszeit der Datenschutzgrundverordnung (DSGVO) am 25. Mai 2018.

Bei „herkömmlichen" Papier-Fragebögen und auch Online-Umfragen wird erst durch die konkrete Ausgestaltung des Fragebogens festgelegt, in welchem Umfang personenbezogene Daten erhoben worden sind.

Im Zweifelsfall sollte man für eine Einschätzung die Grenze sehr weit unten ansetzen und bei der Auswertung mit einem System arbeiten, das höchstmögliche Sicherheit nach dem aktuellen Stand der Informationstechnik bietet.

Im folgenden eine ausführliche Anleitung, wie ein neues Gerät unter Debian Linux eingerichtet wird und die Festplatte komplett verschlüsselt ist.

Im Beispiel wird ein neu gekauftes Notebook des Herstellers „HP" verwendet, das Modell „255 G6 SP". Bei einem Notebook ist die Gefahr, daß es verlorengeht oder gestohlen wird, noch höher als bei einem stationär verwendeten Rechner. Bei einem Verlust des Geräts kann nur durch eine verschlüsselte Festplatte oder auf andere Art verschlüsselte Daten sichergestellt werden, daß personenbezogene Umfragedaten nicht unkontrolliert weitergegeben werden können.

3.5.1 Vorbereitungen, Auspacken etc.

Empfehlenswert ist es, in einer gesonderten Datei (Text oder Tabellenkalkulation) den genauen Typ des Rechners, die Seriennummer, die Ausstattung, den Verkäufer, das Kaufdatum, Ablauf der Garantie etc. zu erfassen, damit zum einen der Verfahrensdokumentation der DSGVO entsprochen wird und zum anderen ein Überblick zu der Konfiguration des Geräts gewonnen wird. Bei der Gelegenheit läßt sich auch prüfen, ob sämtliche Bestandteile des Rechners der Beschreibung beim Kauf auch tatsächlich entsprechen. Es empfiehlt sich etwa auch, die BIOS-Version zu notieren.

Für die Installation von Debian Linux benötigen Sie entweder

- die „netinst"-DVD

- die erste „DVD"

bei einer bestehenden Internet-Verbindung. Oder

- den gesamten DVD-Satz

Bei Rechnern mit mehr als 4 GB Hauptspeicher empfiehlt sich die „64-Bit"-Variante „amd64", bei weniger als 4 GB Arbeitsspeicher kann man auch die „i386"-Variante installieren (die „amd64"-Variante ginge hier auch, aber mit der „i386"-Variante dürfte der Rechner schneller arbeiten). Herunterladen lassen sich die „Image"-Dateien über *www.debian.org (Getting Debian)*, dafür wird ein bereits funktionierender Rechner benötigt mit DVD-Brenner (die Installation kann auch mit einem USB-Stick erfolgen).

Vor der Installation des eigentlichen Linux-Betriebssystems sollte geprüft werden, ob das BIOS auf dem aktuellen Stand ist. Leider bieten die meisten Hersteller nur BIOS-Updates als Windows-Programme an, so auch HP. Eine Überprüfung über www.hp.com ergab in diesem Fall, daß eine neuere BIOS-Version verfügbar ist, allerdings nur als „.exe"-Datei (Windows). Weil auf dem Gerät nur „DOS" installiert war und das BIOS-Update-Programm nicht installiert wurde, ist es einen Versuch wert, von einer Windows-10-DVD zu starten und über den *Reparaturmodus* in diesem DOS-Fenster ein BIOS-Update auszuführen. Auch dies hatte in dem hier beispielhaft verfolgten Fall keinen Erfolg, somit muß erst eine Testversion von Windows 10 installiert werden. Bei *www.hp.com* läßt sich für dieses Model das Programm „*HP PC Hardware Diagnostics UEFI*" herunterladen, das neben dem BIOS ggf. weitere Firmware-Updates vornehmen kann. Fatal ist, daß in diesem Praxisbeispiel sowohl das Programm für das BIOS-Update als auch die Hardware-Diagnose nicht funktionierten unter dem aktuellen *Windows 10* 1803. Sie ließen sich beide zwar installieren, starteten aber nicht oder aktivierten sich nicht bei einem Neustart. Somit wurde die vorherige Windows-10-Version 1709 installiert. Aber auch damit startete das BIOS-Update nicht. Erst ein eingesteckter USB-Stick ermöglichte dies - offenbar ist dies notwendig, auch wenn nicht darauf explizit hingewiesen wird. Die Diagnostik funktionierte, sobald ein USB-Stick eingesteckt war und „F2" beim Start des Rechners gedrückt wurde. Damit sind die Vorbereitungen abgeschlossen und Linux kann installiert werden.

Kurz zur Rekapitulation. Nicht nur die DSGVO, sondern auch die allgemeine Verantwortung dürfte davon ausgehen, daß zum Zeitpunkt der Installation eines IT-Systems sämtliche aktuellen Updates und „Patches" eingespielt werden. Ob dann im laufenden Betrieb sofort alle Updates eingespielt werden müssen, steht auf einem anderen Blatt, denn hierzu gehört auch, daß bei wichtigen IT-Systemen Updates vorher getestet werden sollten. Aber bei einem neuen System -

das ohne Zeitdruck aufgesetzt werden kann - sollte davon ausgegangen werden können, daß es auf der Höhe der Zeit ist.

3.5.2 Installation und erste Konfiguration

Nun die Schritte bei der Installation von Debian Linux „Stretch", aus Geschwindigkeitsgründen auf einem 4 GB-System mit 32-Bit:

- der Rechner ist über ein Netzwerkkabel mit dem Internet verbunden, aus Sicherheitsgründen sind alle USB-Festplatten und USB-Sticks, die bei der Installation überschrieben werden könnten, ausgesteckt. Über USB-Stick, optische Medium (CD oder DVD) oder auch Netzwerk-Server wird die erste Installation gestartet.

- allgemeine Hinweise: mit der „Tabulator-Taste" kann zwischen den Eingabefeldern gewechselt werden, mit der Leertaste („space") kann angekreuzt werden.

- zu Beginn werden die Sprache und das Tastaturlayout abgefragt, immer „German" oder „deutsch" bzw. „Deutschland"

- beim Punkt „Netzwerk-Hardware erkennen" sind fehlende Firmware-Dateien des WLAN-Adapters (erkennbar an „wifi" im Namen der .fw (Firmware)-Datei nicht notwendig für die weitere Installation, sofern sie über ein Netzwerkkabel erfolgt (was empfehlenswert ist) - somit lautet die Antwort „Nein". Ansonsten müssen die Firmware-Dateien aus dem entsprechenden Paket (z.B. „linux-firmware-nonfree" extrahiert und z.B. auf einem USB-Stick bereitgehalten werden.

- „Netzwerk einrichten" verlangt nun einen Rechnernamen, vorbelegt ist „debian". Empfehlenswert ist ein allgemein gehaltener Name, über den der Rechner auch identifiziert werden kann. Hier sollte man allerdings auch Vorsicht walten lassen, denn diese Kennung kann z.B. auch bei versendeten E-Mails in den „Headern" auftauchen, die dann vom Empfänger ausgelesen werden können. Somit könnte man „sinnlose" Buchstabenkombinationen wie „JJT12" verwenden, den allgemeinen Rechnernamen („HP255G6") oder das Jahr eincodieren („HP2018"). Wichtig ist: Es sollten keine Umlaute, Sonderzeichen, Leerzeichen vorkommen.

- bei „Domain-Name" können in fast allen Fällen (außer der Rechner hängt direkt im Internet, z.B. bei Universitäten und es wurde eine eindeutige IP-Adresse vom Rechenzentrum der Universität zugewiesen bekommen, dann kann der Fully qualified Domain-Name, z.B. jupiter7.physik.lrz-muenchen.de eingetragen werden) lokale Adressen angegeben werden, z.B. „nachname.local".

- „Land des Debian-Archiv-Spiegelservers": Hier sollte ein „nahegelegener" Server ausgewählt werden, also in den meisten Fällen „Deutschland", z.B. „ftp.uni-bayreuth.de", dies hängt von der geographischen Lage ab.

- „HTTP-Proxy-Daten" - in fast allen Fällen leer lassen, also „weiter"

- „Installer-Komponenten herunterladen" / „Installation ohne Kernel-Module fortsetzen?" - dies bedeutet in den meisten Fällen, daß das verwendete Installationsmedium veraltet ist - dieses somit bitte prüfen.

- „Benutzer und Passwörter einrichten", „Root-Passwort": Dieser Punkt ist selbsterklärend. Bitte keinesfalls ein „Standard-Passwort" verwenden, empfehlenswert ist es nach Meinung des Autors, für jedes Gerät ein angepaßtes Passwort zu verwenden und dieses aufzuschreiben (z.B. in einer Excel-Tabelle oder auf Papier) und auch zu berücksichtigen, daß ggf. Dritte (Krankheit, Unfall etc.) in der Lage sein müssen, Zugriff zu erhalten. Hier hat sich bedauerlicherweise noch keine allgemeine veranwortungsvolle Kultur („jemand muß Bescheid wissen") etabliert, dies wird aber in den nächsten Jahren geschehen müssen. Beispiel: „Juli2018Umfragenauswertung"

- „Vollständiger Name des neuen Benutzers" (ohne weiteren Kommentar)

- „Benutzername für Ihr Konto": üblich sind in der Linux- oder Unix-Welt dreibuchstabige Initialen unter Verwendung des zweiten Vornamens, z.B. „khh"

- „Wählen Sie ein Passwort für den neuen Benutzer" (ohne weiteren Kommentar)

- „Festplatten erkennen" - „Es wurde kein Laufwerk erkannt" - dies liegt an den fehlenden Modulen. Somit bleibt nur der Abbruch. Mit „Alt-F2" (gleichzeitig drücken) auf eine andere Konsole wechseln, mit „Eingabetaste" aktivieren und mit „Reboot" neu starten und von einem anderen Medium die Installation noch einmal versuchen.

Nun kommen die entscheidenden Schritte für die Festplattenverschlüsselung:

- „Festplatten partitionieren": Bitte auswählen: „Geführt - gesamte Platte mit verschlüsseltem LVM" - die entsprechende Festplatte im nächsten Schritt auswählen (Bitte beachten, es werden sämtliche Daten auf dieser Festplatte gelöscht, somit empfiehlt es sich, zu Beginn der Installation alle weiteren Medien abgesteckt zu haben)

- Partitionierungsschema: „Alle Dateien auf eine Partition, für Anfänger empfohlen"

- „Änderungen auf die Speichergeräte schreiben und LVM einrichten?" - bitte noch einmal genau prüfen, dann „Ja"

- „Der Installer überschreibt nun ... mit zufälligen Daten" (ggf. „Abbrechen").

- „Verschlüsselungspassphrase": Bitte beachten Sie, daß es gerüchteweise vorkommen kann, daß Sie bei Flugreisen ins Ausland diese *Passphrase* bekanntgeben müssen, wenn Sie das Notebook vorführen sollen.

- „Partitionierung beenden und Änderungen übernehmen"

- „Änderungen auf die Festplatte schreiben?" - „Ja"

- „Konfiguriere popularity-contest" / „An der Paketverwendungserfassung teilnehmen?" - Empfehlung: „Nein".

- „Softwareauswahl": Empfehlung: „GNOME", evtl. für die Einwahl von außen dazu „SSH server"

- „GRUB-Bootloader auf einer Festplatte installieren" - „Den GRUB-Bootloader in den Master Boot Record installieren?" - in fast allen Fällen „Ja", wenn mehrere Betriebssysteme auf einem System sein sollen, bitte eingehend vorher informieren.

- „Gerät für die Bootloader-Installation" (fast immer „/dev/sda") - eingehend prüfen.

Beim anschließenden Neustart muß das Festplattenpasswort eingegeben werden.

3.6 Nachschliff und weitere Konfiguration

Nun die Feinarbeiten (im Anhang finden sich weitere Informationen zur Linux Konfiguration):

- /etc/apt/sources.list - die Datei unter einem anderen Dateinamen sichern, dann jeden Eintrag hinter „main" ergänzen mit „contrib non-free" (Empfehlung)

- Paket „dselect" nachinstallieren mit „apt-get install dselect"

- „dselect" im Terminal als „root" (über „su" erreicht) starten, alles aktualisieren („U"), dann installieren: „firmware-linux-free",firmware-realtek" (empfohlen für dieses Notebook), „firmware-linux" und evtl. „compiz".

Gerade bei Problemen mit dem Grafiktreiber könnten Anhaltspunkte sein, von einer Knoppix-CD oder -DVD zu starten und über „lsmod" die geladenen Module zu prüfen und diese mit „dmesg" zu vergleichen.

3.6.1 X-Window: Grafiktreiber

In dem hier exemplarisch installierten Gerät wurde der „Framebuffer"-Treiber der Grafikkarte installiert (erkennbar bei der „dmesg"-Ausgabe und „fb" im Namen des aktiven Moduls). Bei der Knoppix-DVD kam aber das Modul „amdgpu" zum Einsatz.

Vorläufige Lösung: Der 3D-Desktop „compiz" muß wieder deinstalliert werden.

3.6.2 Fehlende Firmware

Über „dmesg" wird z.B. ausgegeben: „bluetooth hci0: firmware failed to load intel/ibt-hw...

Lösung: Paket „firmware-iwlwifi" installieren, den Rechner neu starten. Im Anschluß funktionierten WLAN und Bluetooth.

3.6.3 Fehlerhafte Grafikausgabe

Es kommt manchmal vor, daß im Kommandozeilenmodus („Alt-F3") die ersten Zeichen einer Zeile nicht sichtbar sind. Evtl. muß der Monitor neu kalibriert werden, dies geschieht über das *Menu* des Monitors und oftmals den Punkt „*Auto*" bei den Einstellungen.

3.7 Installation des Rapid Survey Tool (RST)

Ein kurzer Hinweis zur Namensgebung: Ursprünglich wurde das Umfrageprogramm RST entwickelt, um eine Online-Umfrage mit einer US-amerikanischen Partneruniversität einfach zu gestalten. Deshalb ist das Programm von Anfang an auf Mehrsprachigkeit ausgelegt. Der Name RST stand seit 1999 für *Rostock Survey Tool* und wurde nach dem Weggang des Autors im Jahre 2002 in *Rapid Survey Tool* umbenannt. Eine ausführliche Beschreibung findet sich in Kapitel 10, *Das Fragebogenprogramm RST*.

4 Die Datenerhebung

Dieser Abschnitt beinhaltet die notwendigen Schritte, um einen Online-Fragebogen bereit zu halten und die ausgefüllten Fragebögen analysieren zu können.

4.1 HTML-Grundlagen

Grundlage eines Online-Fragebogens ist eine WWW-Seite. Diese wird als HTML-Datei vom WWW-Server bereitgestellt. *Browser* wie *Microsoft Edge* oder *Mozilla Firefox* laden und interpretieren

HTML-Seiten. Die Seitenbeschreibungssprache HTML ist in verschiedenen Versionen normiert, wesentliche Formatierungen oder Gliederungen werden in *tags* (engl. *tag*: Kennzeichnung) gefasst. Dabei stehen *tags* innerhalb von Kleiner- und Größerzeichen <>, bei vielen muß neben ihrem Beginn auch das Ende gekennzeichnet werden (durch einen Querstrich /). Ein Überblick zu den für Online-Fragebögen relevanten *tags* findet sich im Anhang.

Beispiele:

- Der Titel einer WWW-Seite steht zwischen *<title>* und *</title>*.

- Eine Tabelle beginnt mit *<table>* und endet mit *</table>*.

- Ein Absatz (normaler Fließtext) steht zwischen *<p>* ... *</p>*

4.1.1 <form> Tag

Absolut zentral für einen Online-Fragebogen ist das <form> *tag*. Mit ihm ist es möglich, vom Online-Umfragen-Teilnehmer Daten an einen Internet-Rechner zurücksenden zu lassen. Dabei muß man die Methode angeben, mit der die Daten übertragen werden sollen.

Hier gibt es im wesentlichen drei Varianten:

4.1.2 E-Mail

Bei der E-Mail-Variante werden die Fragebogen-Daten in einer E-Mail verschickt.

Hierbei lassen sich zwei Arten unterscheiden: Bei der einen wird die E-Mail direkt vom Browser verschickt (über eine Art *mailto*-tag).

4.1.2.1 action="mailto"

```
<form method="post"
action="mailto:hinner@uni-xxx.de"
enctype="text/plain">
<input type="hidden" name="subject"
value="Feedback">
<input type="hidden" name="delimiter"
value=": ">
<input type="hidden" name="return"
value="http://umfragen.sowi.uni-
xxx.de/~khh/danke.html">

<h1>Fragebogen aus Sparta</h1>
```

Abbildung 1: Einfacher Beispiel-Fragebogen - im Browser

```
<!-- Hier die eigentlichen Formular-Fel-
der -->
```

```
<p>
<input type="text" name="kommentar" va-
lue="viele!">Kommentare dazu?
</p>

<input type="submit"
value="Abschicken!"> <input type="reset"
value="Zur&uuml;cksetzen">
</form>
```

**Abbildung 2 - Einfacher Beispiel-Fragebogen - Übertragung als
E-Mail: HTML-Quelltext**

Bei der gerade vorgestellten Methode (*action="mailto:"*) ruft der
Browser das Standard-E-Mail-Programm auf. In einigen Fällen (z.B.
Versionen von *Internet Explorer*) funktioniert dies nicht zuverlässig
– die Übergabe der Formular-Daten zwischen den beteiligten Programmen scheitert. In anderen Fällen versagt diese Methode, weil
kein E-Mail Programm eingerichtet ist bzw. es noch nicht konfigu-
riert wurde. Zudem gibt der Umfragenteilnehmer seine E-Mail-
Adresse preis.

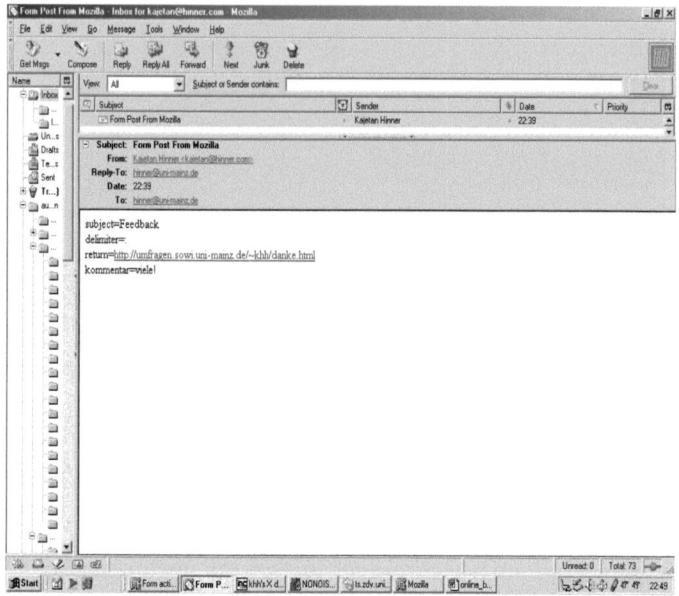

Abbildung 3: Einfacher Beispiel-Fragebogen - Übertragung als E-Mail

Die Schlußfolgerung fällt somit leicht, daß die Methode (*action="mailto:"*) nicht für professionelle Umfragen verwendet werden sollte.

4.1.2.2 E-Mail des Formulars über spezielle Programme

Bei der nun vorgestellten Variante werden die Daten erst über eine der beiden folgenden Methoden (*Get/Post*) an einen Rechner im Internet übertragen, der sie erst dann weiter als E-Mail verschickt. Deshalb handelt es sich im strikten Sinne nur um eine „verkappte" E-Mail Methode, denn es ist auf jeden Fall ein kleines Programm notwendig, das die Daten entgegennimmt und eine E-Mail verschickt.

Die Variablen werden als Teil der URL übergeben, also als Teil der aufrufenden Internet-Adresse. Beispiel: Bei der folgenden URL

```
http://www.cnn.com/cgi-bin/articles.cgi?
number=1234&read=12
```

geschieht folgendes: Die IP-Adresse des Servers des US-amerikanischen Nachrichtenanbieters CNN wird (durch das DNS) erfragt, anschließend folgert das dortige WWW-Server-Programm aus der übergebenen URL, daß das Programm „articles.cgi" gestartet werden soll. Lauffähige Programme werden nach Konvention im CGI-Verzeichnis des WWW-Servers abgelegt. Dieses Programm *articles.cgi* kann anschließend als „Umgebungsvariablen" auf die Variablen „number=1234" und „read=12" zugreifen.

HTTP-Get sollte immer verwendet werden, wenn die übertragenen Daten dem reinen Informationsabruf dienen. Außerdem kann hier der Link mit den Abfrageinformationen gespeichert werden (z.B. in den *Favoriten* oder *Bookmarks*). Nachteilig ist allerdings, daß die übergebenen Informationen in Log-Dateien von Caches oder Proxy-Servern oder sonstigen Zwischenspeichern auftauchen.

Das folgende Perl-Programm kann dieses Problem beseitigen. Es ist hier in voller Länge abgedruckt. Durch die umfangreiche Kommentierung (alle Zeilen beginnend mit den Doppelkreuz # beinhalten keine Befehle sondern Erläuterungen) sind die Befehle auch für Laien verständlich[3]. Bei dem folgenden handelt es sich um die Script-Sprache *perl*.

```
#!/usr/bin/perl
```

---

[3] Autor: Stefan Münz, http://selfaktuell.teamone.de/tippstricks/cgi-perl/form-mail/ (minimale Änderungen für den Abdruck)

```perl
# -------> SMTP-Programm zum Versenden
der Mail:
$Sendmail_Prog = "/usr/lib/sendmail";

# -------> Modul für CGI-Scripts einbin-
den:
use CGI;

# -------> Modul für CGI-Scripts zum
Einlesen der Formulardaten
# anwenden:
$query = new CGI;
@names = $query->param;

# -------> interne Daten aus den erwar-
teten hidden-Feldern
# auslesen:
$delimiter = $query->param('delimiter');
# Begrenzerzeichen
# zwischen name und value
$mailto     =     $query->param('mailto');
# Empfängeradresse
$returnhtml  =   $query->param('return');
# URL für Dankesseite
$subject     =   $query->param('subject');
# E-Mail-Subject


# -------> Text der E-Mail aus den For-
mulardaten ermitteln:
$mailtext = "";
foreach(@names) {
  $name = $_;
  @values = "";
  @values = $query->param($name);
  if($name ne "mailto" && $name ne "re-
turn" && $name ne "subject" && $name ne
"delimiter") {
    foreach $value (@values) {
      $mailtext = $mailtext.$name;
      $mailtext = $mailtext.$delimiter;
      $mailtext = $mailtext.$value."\n";
```

```
        }
      }
   }

# -------> E-Mail versenden:
open(MAIL,"|$Sendmail_Prog -t") || print
STDERR "Mailprogramm
konnte nicht gestartet werden\n";
print MAIL "To: $mailto\n";
print MAIL "Subject: $subject\n\n";
print MAIL "$mailtext\n";
close(MAIL);

# -------> Dankesseite an Browser
senden:
print "Location: $returnhtml\n\n";
```

Abbildung 4 formmail.pl - Perl-Programm für den E-Mail Versand von Formularinhalten

Bei Perl werden Variablennamen mit einem vorangestellten $-Zeichen kenntlich gemacht, z.B. wird die Variable *$mailtext* nach und nach mit allen Formularfeldern aufgefüllt (*foreach* läuft durch alle Variablenfelder, diese finden sich dann in *$_*).

Zu dem hier vorgestellten Formmail-Script ist zu sagen, dass es **keinesfalls in dieser Form eingesetzt werden sollte**. Sobald dieses Script auf einem WWW-Server installiert ist, kann jeder beliebige E-Mails an beliebige E-Mail Adressen verschicken. Ein derartiger E-Mail-Verteiler (*Mail-Relay*) ist für „Spammer", d.h. Versender von Werbebotschaften, ein willkommenes Mittel. Dem Autor von formmail.pl ist dies bekannt, deshalb empfiehlt er folgendes[4]:

> Das Script ist so wie oben beschrieben universell einsetzbar. Dafür enthält es eine potentielle Schwachstelle: da das Script die Empfängeradresse nicht fest einprogrammiert hat, sondern mit den Formulardaten übergeben bekommt, ist es für Spammer missbrauchbar. Sicherer ist es deshalb, keine Empfänger-Mailadresse mit den For-

---

[4] ebd.

mulardaten zu übergeben und im Script die folgende Zeile zu ersetzen:

```
if($name ne "mailto" && $name ne "return" &&
$name ne "subject" && $name ne "delimiter") {
```

durch die folgenden beiden Zeilen:

```
$mailto = "eigene\@adresse.tld";
if($name ne "return" && $name ne "sub-
ject" && $name ne "delimiter") {
```

(wobei Sie natürlich die Mailadresse einsetzen müssen, an die die Formulardaten verschickt werden sollen).

Auch wenn dies eine erhebliche Verbesserung darstellt, sollte das Skript nicht eingesetzt werden. Die Schwachstelle liegt in der einfachen Akzeptanz der restlichen übergebenen Felder *($Subject, $mailto, $mailtext)*. Über spezielle Sonderzeichen „ausmaskiert" können diese Felder anders interpretiert werden als gewünscht, so dass letztendlich E-Mails an beliebige Empfänger verschickt werden können. Hier kann aus Platzgründen nicht detailliert auf diese Problematik eingegangen werden.

Es ist noch darauf hinzuweisen, dass auch „professionellere" Form-Mail-Skripte, wie z.B. FormMail 1.92[5] von *Matt Dillon*, erhebliche Schwachstellen beinhalten, die ausführlich dokumentiert sind[6].

Als Faustregel gilt folgendes: Ein Form-Mail-Skript sollte man nur einsetzen, wenn Titel und Empfänger „hartkodiert" sind, d.h. im *Script* definiert wurden (und nicht über *hidden-fields* des Formulars übergeben werden) sowie der *Body* der E-Mail (d.h. die eigentlichen Formularfelder) geprüft werden und alle Sonderzeichen entfernt wurden. Damit muß jedem erstellten Online-Fragebogen eine speziell angepasste Version eines Form-Mail-Skript zugeordnet werden.

4.1.3 HTTP-POST

Bei HTTP-Post wird ein Datenkanal vom Browser zum Webserver geöffnet, durch den die Daten übertragen werden. HTTP-Post sollte

---

[5] http://www.scriptarchive.com/formmail.html

[6] http://www.monkeys.com/anti-spam/formmail-advisory.pdf

immer dann gewählt werden, wenn die übertragenen Daten eine Zustandsänderung auslösen (also nicht nur Informationen abrufen). Im Gegensatz zu HTTP-Get können diese Daten nicht zwischengespeichert werden (*Cache*) oder als *Bookmark* verlinkt werden. Im Anhang dieses Buches ist ein ausführliches Beispiel zu HTTP-Post dokumentiert (Auszug aus der HTML 4.0.1 Spezifikation).

4.1.4 Umgang mit den ausgefüllten Fragebögen

Sobald der erste Teil mit der reinen Datenerhebung abgeschlossen ist, folgt die Auswertung der gewonnen Daten.

5 Die Datenauswertung

In fast allen Fällen müssen die einzelnen Datensätze (die Antworten) der Befragten in eine Datei zusammengefaßt werden.

5.1 Online-Auswertung

Die Ergebnisse (statistische Zusammenfassungen) werden direkt auf einer WWW-Seite ausgegeben. RST unterstützt dies, im Unterordner „examples" ist ein Perl-Skript enthalten, das dies anhand einer Fußball-Tipprunde durchführt.

5.2 Übernahme der Daten in Excel/SPSS

In diesem Modus werden die gesammelten Daten in einem anderen Programm zur weiteren statischen Auswertung importiert, dies kann z.B. *Microsoft Excel* oder das Statistikprogramm *SPSS* sein.

6 Der Online-Fragebogen

Welche Gestaltungsmöglichkeiten und Fallstricke gibt es bei der eigentlichen Gestaltung des Fragebogens?

6.1 Gestaltung

Für einen Online-Fragebogen gelten im wesentlichen die gleichen Grundsätze wie bei einer schriftlichen Befragung:

- Doppelbedeutungen vermeiden
- nicht zwei Fragen zu einer zusammenfassen
- einfache leicht verständliche Sprache
- einfacher Satzbau
- die Reihenfolge der Fragen beachten („Ausstrahlungseffekt")
- einfache Fragen zum Einstieg
- heikle Fragen für den Schluß aufsparen etc.

Es wird auf die entsprechende soziologische Fachliteratur verwiesen.

6.2 Technische Hinweise

Neben Layout und Text gibt es bei Online-Fragebögen darüber hinaus technische Möglichkeiten der Umsetzung, die über den Erfolg und den Mißerfolg einer Befragung entscheiden können.

6.2.1 JavaScript vermeiden

Mit der Programmiersprache JavaScript[7] lassen sich WWW-Seiten mit aktiven Inhalten anreichern, z.B. zusätzlich aufgehende Fenster, sich innerhalb der WWW-Seite bewegende Grafiken, Ein- oder Ausblendungen von Text in Abhängigkeit von der Position des Mauszeigers. JavaScript eignet sich auch dazu, Formulareingaben auf Plausibilität zu prüfen. Diese Prüfung erfolgt *client-seitig*, d.h. auf dem Rechner des WWW-Benutzers und nicht auf dem WWW-Server (*server-seitige* Plausibilitätsprüfung). Mit JavaScript verbanden sich

---

[7] ™ von Sun MicroSystems, http://www.sun.com/suntrademarks/

unter allen Browsern Sicherheitslücken[8]. Das Bundesamt für Sicherheit in der Informationstechnik „warnt vor dem Einsatz von JavaScript"[9]. Aus diesem Grund wird *JavaScript* in diesem Buch nicht aktiv empfohlen.

Plausibilitätsprüfungen von Fragebogeneingaben sind in manchen Fällen wünschenswert. Allerdings sollten sie in jedem Fall *server-seitig* vorgenommen werden. Der Benutzer sollte eine WWW-Seite mit seinen bisher eingetragenen Feldern übertragen bekommen und die fehlerhaften Felder z.B. rot umrandet. Derartige Funktionen sind nur über spezielle Programmierung möglich und werden hier aus Platzgründen nicht behandelt.

Im folgenden ein Beispiel für einen Internet-Fragebogen, der nur über JavaScript ausfüllbar ist:

---

[8] Beispiele z.B. unter http://www.heise.de/security/

[9] http://www.bsi.bund.de/fachthem/sinet/java99.htm

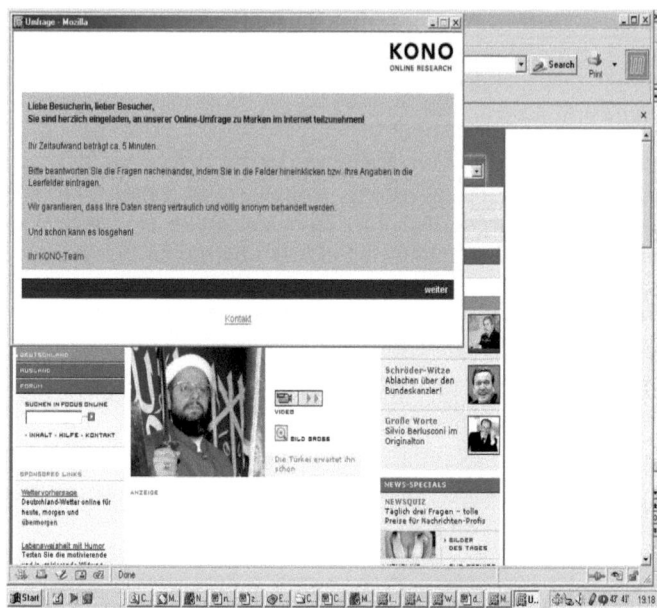

Abbildung 5 Beispiel: Fragebogen mit Javascript

Im folgenden ist der stark gekürzte HTML-Quelltext des obigen Beispiels wiedergegeben:

```html
<html>
 <head>
  <title>Umfrage</title>
  <link rel="stylesheet" type="text/css"
href="css/campaign_77.css">
  <script type="text/javascript"
src="js/formwizard.js"></script>
  <script language="JavaScript">
 </head>

 <body>
```

```
<form action="" method="post"
name="poll">
    <p class="bold">Liebe Besucherin,
lieber Besucher,<br>
Sie sind herzlich eingeladen, an unserer
Online-Umfrage zu Marken im
Internet teilzunehmen!
<br></p><p class="standard">

Ihr Zeitaufwand beträgt ca. 5 Minuten.
<br><br>
Bitte beantworten Sie die Fragen nach-
einander, indem Sie in die Felder
hineinklicken bzw. Ihre Angaben in die
Leerfelder eintragen.
<br><br>
    <p class="submit">
<a href =" survey10.php?
db=77&ai=6804019901&si=689000&z=2004.5.2
6.17.18.26.0"
onClick="window.open(this.href,'poll','w
idth=800,height=600,scrollbars=yes,resiz
able=yes');self.close(); return false;"
class="weiter"> weiter </a></p
>
    </form>
</body>
</html>
```

Einige WWW-Benutzer haben *JavaScript* ausgeschaltet. Manche Unternehmen und Behörden filtern *JavaScript*-Code aus Sicherheits-gründen an der Firewall aus. Für diesen Fall muß die Umfrage auch ohne *Java-Script* angeboten werden, möchte man die Befragungsper-son nicht aus technischen Gründen verlieren. Aufgrund der Bedeu-tung dieser Thematik wurde in der zweiten Auflage dieses Buches ein weiteres Kapitel hierzu eingefügt (8.1, Technische Vorausset-zung: JavaScript).

6.3 Sicherheit

Die Vorstellung, daß man nur den *richtigen* Virenscanner, die richtige *Enterprise Security Suite* oder eine möglichst gut abgeschottete *Firewall* benötigt, um vor den Gefahren aus dem Internet sicher zu sein, trifft nicht zu.

Es gibt eine Vielzahl von Angriffsvektoren

- Der DSL-Router, über den der Internet-Zugriff ermöglicht wird

- Der Internet-Provider (im weitesten Sinn)

- Das Betriebssystem

- Die eingesetzte Software (Browser, Zusatzprogramme)

DSL-Router, deren Betriebssystem (*Firmware*) nicht gewartet oder nicht auf dem aktuellen Stand gehalten wird, können aus der Ferne bei bereits bekannten Sicherheitslücken ohne größeren Aufwand übernommen werden.

Schlecht programmierte Virenscanner können selbst die Schwachstelle für das Einschleusen von Viren darstellen (sie laufen meistens mit Systemrechten und sind damit eine weithin unterschätzte Gefahrenquelle, auch von vielen IT-Sicherheitsexperten).

Browser wie *Firefox, Safari, Edge* oder *Chrome* können eigene oder über Plug-Ins (z.B. *Java, Flash*) verbundene Sicherheitslücken enthalten.

Eine gefälschte E-Mail („*Rechnung*", „*Mahnung*", „*Gewinn*", „*Anwaltspost*", „*Bewerbung*", „*Bestellbestätigung*") kann auf einen Link verweisen, über den Schadcode nachgeladen werden kann.

Auf dem Firmengelände oder dem Gehweg zufällig „*verlorene*" USB-Sticks können Schadcode enthalten, der beim Einstecken durch interessierte Mitarbeiter in den Firmenrechner ausgelöst wird.

Vordringlich ist deshalb eine sorgfältige Schulung der Mitarbeiter zum Umgang mit den Gefahren aus dem Internet.

Dieser Punkt kann nicht deutlich genug hervorgehoben werden: Die Mitarbeiter müssen beständig geschult werden, z.B. einmal im Monat. Die Teilnahme sollte verpflichtend sein. Neue Mitarbeiter müssen gleich in ihren ersten Arbeitstagen mit der Sicherheitsproblematik vertraut gemacht werden.

6.3.1 Sicherheit auf dem Endgerät

Es gibt eine Gefahr, der sich nur wenige Anwender bewußt sind: Das Kopieren der Zwischenablage.

Seltsamerweise gibt es die Möglichkeit sowohl für *Browser* als auch *Apps*, die Zwischenablage zu kopieren, ohne, daß der Anwender dies erfährt (dies könnte sich mit dem neuen Apple-Betriebssystem iOS 14 ändern).

- WWW-Browser (auf einem Rechner, z.B. *Edge* oder *Chrome*)

Bei aktiviertem „Java-Script" kann die Zwischenablage kopiert und unbemerkt auf den Server des Anbieters übertragen werden.

- App auf dem Mobiltelefon

Bei geeigneter Programmierung kann eine beliebige *App* die „Zwischenablage", auch wenn sie von einer anderen *App* befüllt wurde, kopieren. Es wäre auch denkbar, daß die *App* dann die Zwischenablage ungefragt und ohne Kenntnis des Benutzers auf Internet-Server überträgt.

Nach der Einschätzung des Autors sollte dies im Grunde strafbar sein. Leider ist nicht nur auf diesem Gebiet der deutsche Gesetzgeber in den Augen das Autors etwas zögerlich.

Aufgekommen ist dieses theoretisch schon lange schlummernden Problem, als durch neue Betriebssystemfunktionen dies wohl zweifelsfrei nachgewiesen konnte bei der *App* „Tik-Tok"[10].

[10] https://www.heise.de/news/TikTok-schnappt-sich-von-iPhone-Nutzern-regelmaessig-die-Zwischenablage-4796222.html [abgerufen am 3.8.2020]

- Betriebssystem, z.B. Windows

Nach Kenntnis des Autors können Programme auch ohne dies anzuzeigen sich den Inhalt der Zwischenablage kopieren. Dies sollte berücksichtigt werden z.B. bei dem Einsatz von „Passwort-Managern" und dem Kopieren von Passwörtern in die Zwischenablage und dann dem Einfügen bei dem entsprechenden Dienst. Die Empfehlung des Autors wäre somit, wichtige Passwörter nicht in die Zwischenablage zu kopieren sondern immer direkt einzugeben.

6.4 Online-Fragebogen-Anbieter

Es gibt eine Vielzahl von Online-Fragebogen-Anbietern, die über den Browser bedienbar sind.

Beispiel:

- lamapoll.de

Es liegt auf der Hand, daß man damit komplett dem Anbieter vertrauen muß, was sowohl die Verfügbarkeit des Fragebogens, die korrekte Abarbeitung der Fragen, das Speichern der Daten und den Abruf der Daten betrifft.

Trotz dieser Bedenken sind diese Fragebogen-Tools sehr erfolgreich.

Im Rahmen dieses Buches wird auf die damit verbundenen Schwierigkeiten hingewiesen, gerade in Zeiten der DSGVO und der wieder gescheiterten Abkommen zwischen der EU und den USA:

Der europäische Gerichtshof erklärte das Datenschutzabkommen "Privacy Shield" für unwirksam. Es zeigt sich einmal mehr: FISA und DSGVO sind inkompatibel.[11]

---

[11] https://www.heise.de/meinung/Das-Ende-von-Privacy-Shield-Juristischer-Kabelriss-4852923.html [abgerufen am 31.7.2020]

7 Sicherheit, Datenschutz

Aufgrund der *Datenschutzgrundverordnung* und der Sicherheitsproblematik wurden besonders sicherheitsrelevante Aspekte nun in einem eigenen Kapitel zusammengefaßt.

Wie sollen die Daten überhaupt abgelegt werden? Drei Aspekte sind zu unterscheiden:

- Anfall der Rohdaten auf dem Server

- Verarbeitung der Daten (Auswertung, Statistik etc.)

- Sicherungen (*Backup*)

Im weiteren liegt der besondere Aspekt auf der Verarbeitung der Daten. Es ist zwar noch - nach Kenntnis des Autors zumindest - keine Verpflichtung, daß die Daten für die Verarbeitung oder Weiterbearbeitung auf verschlüsselten Datenträgern abgelegt sein müssen. Aber es ist vorstellbar, daß früher oder später entsprechende Vorschriften kommen werden.

7.1 Windows

Im professionellen Umfeld in Deutschland, aber auch im Privatbereich, ist Windows das am häufigsten benutzte Betriebssystem.

Somit konzentrieren sich auch viele Entwickler von Schadprogrammen auf *Microsoft Windows*.

In den Augen des Autors ist es unrealistisch, missionarisch die Gefahren von Windows aufzuzählen und sicherere Alternativen zu fordern oder als Berater anzubieten. *Unix ist das Betriebssystem der Zukunft und das seit 20 Jahren,* lautet das entsprechend Bonmot.

7.2 Mac OS

Früher waren Apple-Mac-Rechner eher in den Arbeitsbereichen Design- und Desktop-Publishing verbreitet. Dies hat sich geändert.

Auch, weil das „iPhone" sich zum Lifestyle-Gerät entwickelt hat und zeitweise eine regelrechte Hysterie ausgebrochen ist, wenn ein neues „iPhone"-Gerät für den Verkauf freigegeben wurde.

Bei den Prozessoren hat Apple nun die „Intel"-Plattform verlassen zugunsten einer Eigenentwicklung, den „M1" und „M2" Prozessoren, die letztlich auf der Technologie der „iPhone"-Prozessoren basieren.

Auch hier empfiehlt sich die Unterscheidung von Sicherheitsprobleme:

- in der Hardware

- in der Software

Beispiel für ein Hardware-Sicherheitsproblem: Es gibt im USB-Baustein vieler „iPhones" ein Sicherheitsproblem, das durch Software oder „Patches" oder „Updates" nicht zu beheben ist[12].

Die „üblichen" Sicherheitslücken können auch in „MacOS" oder „iPhone OS" oder „OS X" durch Updates theoretisch behoben werden.

Da die Mac-Rechner nicht so verbreitet sind wie Windows, gibt es nicht so viele extra dafür entwickelte Angriff-Kits.

7.3 Linux

Die das Betriebssystem enthaltende Datenträger können bereits bei der Installation verschlüsselt werden. Bei bestehenden Systemen ist dies schwierig. Aber es läßt sich ein kleiner verschlüsselter Datenbereich einrichten. Dies sei im folgenden skizziert.

- : „RAID 1" mit „loop-Device" (Datei-Image) und USB-Stick

[12]https://www.heise.de/news/checkm8-Boot-Exploit-soll-neuere-iPhones-knacken-4542075.html

7.3.1 Eigener Root-Server

Besonderer Hinweis, um Rechteausweitungen der „normalen" Benutzer über selbstgeschriebene oder eingeschleuste Programme zu verhindern:

- In der Konfigurationsdatei /etc/fstab für die Dateisysteme /home, /var und /tmp die Option 'noexec' hinzufügen. Damit können von diesen Verzeichnissen aus keine Programme gestartet werden.

7.4 Netzwerk-Manipulation

Ab einer gewissen Kompetenz- und Einflußstufe kann auch der Netzwerkverkehr auf ein Endgerät gezielt manipuliert werden. Das bedeutet, der Angreifer spielt spezielle Datenpakete aus, um den Rechner eines Opfers zu übernehmen.

Angeblich ist dies auch bereits im Fall eines ägyptischen Politikers nachgewiesen[13] worden:

[...] Angriffs per Network Injection. Dazu muss laut der Analyse [von, K.H.] Citizen Lab eine spezielle Hardware zum Ausliefern der Spyware an der Schnittstelle zum Netz von Vodafone Egypt (dem Provider des Politikers) installiert worden sein – auf jeden Fall innerhalb Ägyptens –, von der aus sein Smartphone überwacht wurde. Wenn Eltantawy in diesem Zeitraum bestimmte, unverschlüsselte Websites besuchte, leitete ihn das Gerät auf präparierte Websites um, die versuchten, sein iPhone mit Predator zu infizieren. Eltantawy schöpfte Verdacht und überließ Citizen Lab sein Smartphone zur Analyse.

[13]https://www.heise.de/news/Staatstrojaner-Predator-auf-aegyptischen-Praesidentschaftsbewerber-angesetzt-9314956.html

7.5 E-Mail

Beim Verfassen oder Zitieren oder Weiterleiten einer E-Mail können E-Mail-Adressen weitergegeben werden, was dem Willen der E-Mail-Adresseninhaber widersprechen könnte.

Hier ist bei vielen noch überhaupt kein Verständnis vorhanden. Es ist den meisten inzwischen klar, daß im Adressaten- oder „cc" Feld nicht die Adressaten einer Massen-E-Mail sichtbar sein sollten. Dies sollte man ausschließlich über das „bcc"-Feld lösen.

Aber auch, wer eine „normale" E-Mail verfaßt und im „cc" mögliche Interessierte aufnimmt, schafft damit einen sozialen Kreis und gibt die E-Mail-Adresse von Adressaten preis, die dies vielleicht nicht wollten.

Die Empfehlung wäre hier, sich sehr damit zurückzuhalten und die E-Mails einzeln zu adressieren oder dies über das „bcc" zu lösen. Dies hat aber natürlich den Nachteil, daß die Angeschriebenen nicht wissen, wer noch angeschrieben wurden. Im beruflichen Umfeld kann man davon ausgehen, daß berufliche E-Mails immer im „cc" sein sollten. Gut wäre hier evtl. eine vertragliche Absicherung.

7.6 Passwort-Manager

Der Autor rät generell vom Einsatz von „Passwort-Managern" ab.

Zur Begründung hier der Auszug einer Nachricht der Domain-Verwaltungsfirma „schlundtech":

Kürzlich aufgetretene Datenlecks von gängigen Passwort-Managern am Markt haben es noch wichtiger gemacht, die Sicherheit Ihres Kontos zu erhöhen. Als Teil unseres Engagements, die Sicherheit Ihrer Accounts zu verbessern, haben wir uns dazu entschieden, die regelmäßige Änderung von Passwörtern verpflichtend zu machen. Ab sofort sind Passwörter für maximal 12 Monate gültig und gemäß der nachfolgenden Vorgaben neu zu setzen:
1. Länge: Verwenden Sie ein Passwort, das mindestens 8 Zeichen lang ist, wobei längere Passwörter zu empfehlen sind. Maximal sind 64 Zeichen möglich.
2. Komplexität: Verwenden Sie eine Mischung aus Groß- und Kleinbuchstaben, Zahlen und Symbolen.

3. Keine vorhersehbaren Muster: Verwenden Sie keine leicht zu er-
ratenden Sequenzen wie "123456", "qwerty" oder "Passwort".
4. Keine persönlichen Informationen: Verwenden Sie keine persönlichen Informationen wie Ihren Namen, Geburtsdatum oder Ihre
Adresse.
5. Regelmäßig Passwörter aktualisieren: Ändern Sie Ihre Passwörter in kürzeren Zeitabständen, mindestens einmal im Jahr, insbe-
sondere wenn Sie vermuten, dass Ihr Konto kompromittiert wurde.
[...]
Two-Factor Authentication (2FA)
Wir empfehlen dringend, die Two-Factor Authentication (2FA) zu
aktivieren, um Ihrem Konto eine zusätzliche Sicherheitsebene hin-
zuzufügen.[14]

Zur Besprechung dieser Vorschläge: Der Autor empfiehlt lange Passwörter. Es sollte das Jahr codiert sein, z.B. über „2023", so daß klar
ist, dieses Passwort stammte aus dem Jahr 2023. Viele Kunden wuß-
ten nicht mehr, welches Passwort das letzte war, weil sie an verschiedenen Orten die Passwörter notierten. Sobald die Jahreszahl kodiert
ist, ist immer klar, aus welchem Jahr das Passwort stammt. An Symbolen empfiehlt der Autor zu bedenken, daß bei BIOS-Passwörtern
z.B. eine US-Tastaturbelegung voreingestellt sein könnte.

Von der „Zwei Faktor Authentifizierung" rät der Autor ab, wenn man
die Möglichkeit hat. Denn dann muß „noch etwas" funktionieren,
nämlich meistens das Mobilfunknetz, die Rufnummer aktiv sein etc.
Wer schon einmal erlebt hat, daß stundenlang das Mobilfunknetz
ausgefallen ist und ein Dienst nicht wegen der 2FA aufgerufen werden konnte, wird dies leicht nachvollziehen können.

[14] Aus einer E-Mail an den Autor vom 4.4.2023

7.7 Sicherheit: Zusammenfassung und pragmatischer Ansatz

Der Autor vertrat schon immer eine eher pragmatische Position mit „Die Kirche im Dorf lassen".

Absolute IT-Sicherheit ist nicht möglich.

Es besteht auch hier ein Lebensrisiko. Eine Versicherung kostet nach der Transaktionskostentheorie nicht nur die Abschlußkosten, sondern auch Informationskosten und Abwicklungskosten.

Die Schlußfolgerung sollte sein, daß man seine Daten in verschiedene Bereiche einteilt, z.B. in *Geheimhaltungsstufen* und bestimmte Daten eben nicht auf einem „iPhone" abspeichert oder im Zugriff hält.

Man sollte immer davon ausgehen, daß vernetzte Endgeräte von wem auch immer irgendwann ausgelesen werden können. Natürlich gibt es eine Kaskade. Ein *Linux*-Rechner könnte sicherer sein als ein „iPhone", dieses könnte sicherer sein als ein „Android"-Gerät, dieses könnte sicherer sein als ein *Mac*-Rechner, der könnte sicherer sein könnte als ein *Windows*-Rechner.

7.8 Allgemein: Sicherungen und Backups

7.8.1 Notwendigkeit von Sicherungen

Es ist unbestritten, daß Daten gesichert werden müssen.

Am besten

- zeitnah

- periodisch

- automatisiert

- mit einfachen vom Anwender zu verstehenden Rückmeldungen

Auch sollte einmal getestet werden, ob sich die Daten überhaupt rücksichern lassen. Leider hat der Autor aus der Praxis zu berichten, daß nur sehr wenige Kunden tatsächlich eine „volle Backup-Rücksicherung" durchführen und beauftragt haben.

7.8.2 Gefahr von Sicherungen

Sicherungen bergen aber auch eine sehr große Gefahr: In den meisten Fällen werden in den Sicherungsdateien sämtliche - auch eigentlich geschützte Dateien gespeichert worden sein.

Der Umgang mit den Sicherungsdateien müßte eigentlich, was die Datensicherheit angeht, oberste Priorität genießen.

Es gibt aber Fälle, in denen Sicherungen zu unsicher abgelegt werden.

Somit sollte in der „Checkliste" auch regelmäßig geprüft werden:

- Auf welchen Datenträgern liegen die Sicherungen?

- Ist es notwendig, die Sicherungsdateien zu verschlüsseln? Falls ja, wer hat alles die Schlüssel?[15]

- Gibt es einen Überblick über alle Sicherungsmedien?

- Es sollte sichergestellt sein, daß die Sicherungsmedien professionell gelöscht werden, wenn sie nicht mehr benötigt werden.

---

[15] Der Autor hat selbst erlebt, daß die Sicherungsmedien dringend aus einem Safe entnommen werden sollten, aber kein Mitarbeiter mehr die Geheimnummer des Safes wußte.

8 Beispiele

Ist ein Online-Fragebogen *gut* oder *schlecht*? Ist er *gut gelungen*? Eine generelle Aussage ist hier immer vereinfachend, es kommt auf die Aspekte und die Zielsetzung an. Manchmal ist ein Online-Fragebogen eher ein Marketing-Instrument, dann kommt es auf eine angestrebte hohe Ausschöpfung, niedrige Abbruchquote oder niedrige technische Barrieren gar nicht an.

Somit sind schon einige Kriterien angesprochen:

- Niedrige Abbruchquote

- Niedrige technische Barrieren

- Zeitgemäßes modernes (an die Zielgruppe angepaßtes) Design

8.1 Technische Voraussetzung: JavaScript

Über eine E-Mail wurde ein Einladungs-Link zu der WWW-Seite der Umfrage verschickt. In der letzten Zeile von *Abbildung 6* ist der Link sichtbar. Es ist nicht unwahrscheinlich, daß dieser Link individualisiert für jeden Adressaten erstellt wurde und der Umfragen-Anbieter bereits durch das Anklicken dieses Links eine Rückmeldung hat, wer unter den Befragten wann auf den Link geklickt hat:

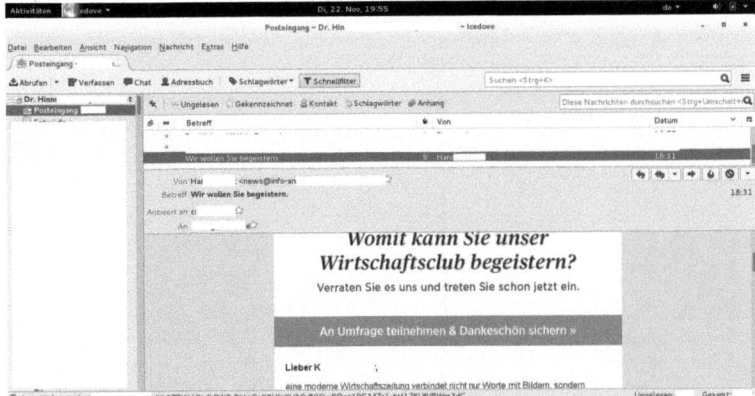

Abbildung 6: Einladung: Online-Umfrage über E-Mail

Sobald man auf diesen Link bei aktiviertem *Java-Script* klickt, kommt die Einleitungsseite zur Umfrage, siehe *Abbildung 7*:

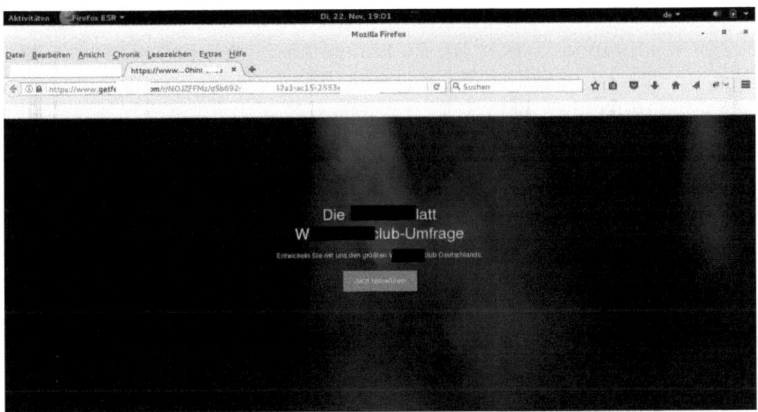

Abbildung 7: Online-Umfrage: Startseite

Bei deaktiviertem *Java-Script* kommt eine leere Seite, siehe :

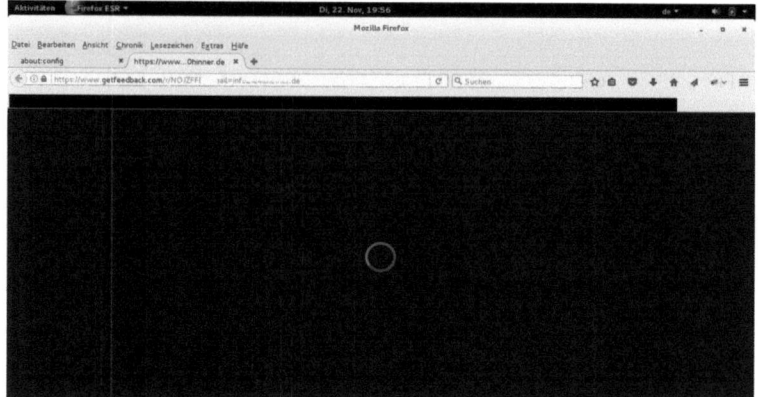

Abbildung 8: Online-Umfrage: Leere Seite aufgrund *Java-Script*

Leider gibt es keine allgemeine Anleitung, wie die Sprache *Java-Script* in einem *Browser* ausgeschaltet werden kann. Bei „*Firefox*" geschieht dies in den neueren Versionen nur noch in der Seite „*about:config*"[16]. An sich kann man zumindest zur Zeit noch davon ausgehen, daß bei den meisten Internet-Nutzern im Browser *Java-Script* noch eingeschaltet ist. Es könnte aber sein, daß sich dies ändert. In diesem Fall würde diese Online-Umfrage nicht laden, es käme lediglich eine leere Seite mit einem Kreis.

Hier noch ein Auszug der Programmierung (*Abbildung 9*):

---

[16] Der *Einstellungsname* lautet „*javascript.enabled*".

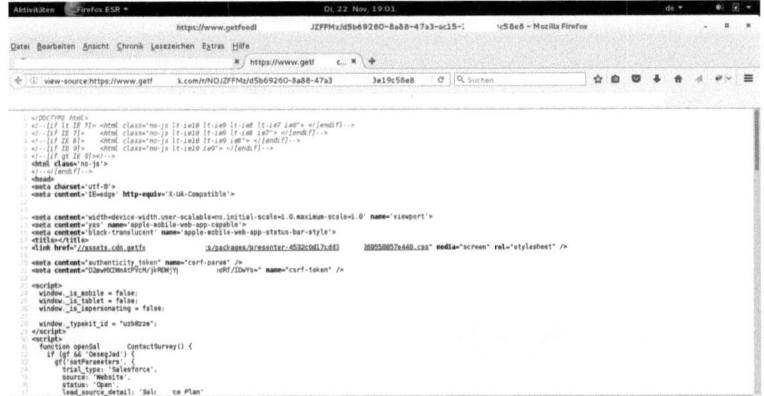

Abbildung 9: Online-Umfrage: HTML-Quelltext (*Java-Script*)

Hieraus wird ersichtlich, daß die Befragung stark auf *JavaScript* beruht.

Eine generelle Empfehlung kann hier nicht gegeben werden, ob auf *Java-Script* verzichtet werden kann oder soll oder auch nicht. Dies hängt entscheidend vom Budget (zeitlich und finanziell) und der Zielgruppe ab. Kann man davon ausgehen (oder die Grundgesamtheit sogar kontrollieren), daß sämtliche Befragte *Java-Script* eingeschaltet haben, spricht nichts dagegen bezüglich des Aspekts *niedrige technische Barrieren*. Auch setzen sehr viele kommerzielle Umfrage-Programme oder Umfrage-"Baukästen" ein aktiviertes *Java-Script* voraus.

Technisch wäre es auch möglich, verschiedene Umfragen (mit dem gleichen Inhalt) für Befragte mit aktiviertem und deaktiviertem *Java-Script* aufzusetzen.

Der Vorteil von JavaScript sind z.B. Plausibilitätsprüfungen der Antworten noch auf dem Rechner des Befragten ohne vorherige Datenübertragung zum Server sowie eine gefälligere Präsentation. Im Anschluß hierfür ein Beispiel, zu der Umfrage erfolgte die Einladung über eine E-Mail:

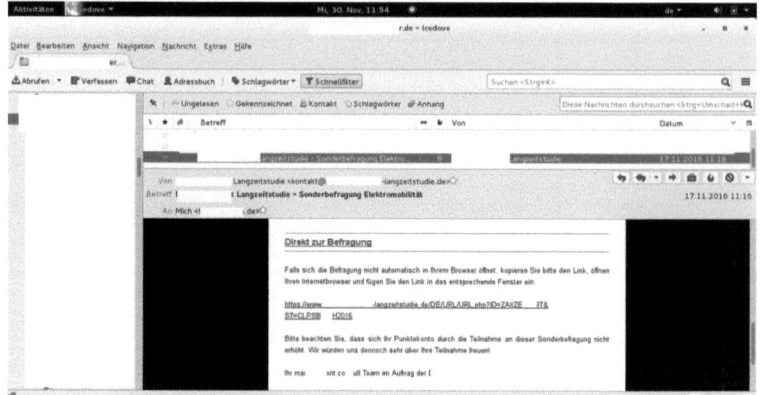

Abbildung 10: Einladungs-E-Mail, Langzeitstudie

Sobald man in der Befragung auf einen *Radio-Button* drückt, erfolgt nicht wie normalerweise ein ausgefüllter Kreis, sondern eine gefällige Integration des Logos des Auftraggebers.

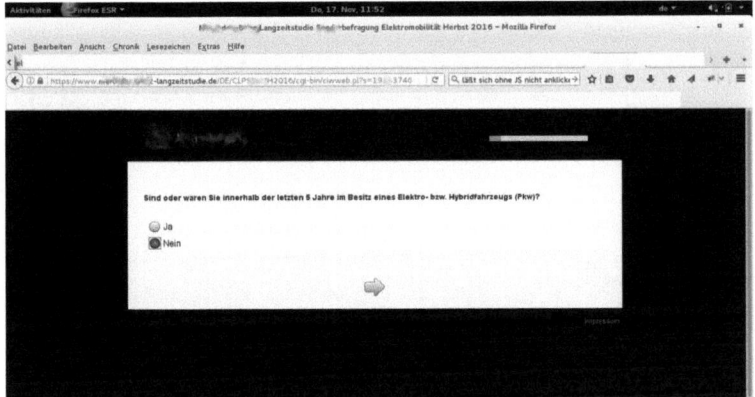

Abbildung 11: Befragung: Radio-Button mit Logo (gefälliges Design)

Bei deaktiviertem JavaScript ist allerdings das Anklicken des Buttons nicht möglich:

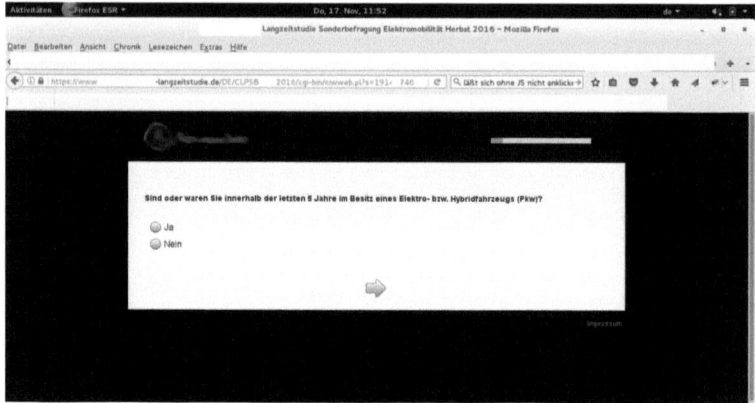

Abbildung 12: Radio-Button: Nicht auswählbar bei deaktiviertem JavaScript

Es liegt auf der Hand, daß Befragte eine Umfrage abbrechen, wenn die Auswahlmöglichkeiten nicht anwählbar sind. Es liegt in der Obhut des Fragebogenerstellers oder des technischen Verantwortlichen für die Umfrage, daß der Fragebogen sauber funktioniert.

Dazu sind umfangreiche Tests notwendig. Es kommt nicht selten vor, daß es daran mangelt und auch der Zeitaufwand für *Online-Pretests* unterschätzt wird.

Eine Faustregel sei hier aufgestellt: Ebensoviel Zeit, wie in die Entwicklung des Fragebogens geflossen ist, sollte für das Testen aufgewendet werden. Dabei sollten variiert werden:

- Geräte (Rechner, Notebook, iPad)

- Browser (Edge, Safari, Firefox, Chrome)

- Internet-Zugangs-Geschwindigkeiten (DSL/LTE/UMTS)

8.1.1 Beispiel: Online-Rückmeldung und Kundenzufriedenheit

Online-Fragebögen eignen sich auch, Rückmeldung des Kunden nach einem Kundenkontakt standardisiert zu erfassen.

Eine Ankündigung kommt z.B. als E-Mail:

```
Von: MyCompany Support <noreply@mycompany.com>
Betreff: MyCompany Online Support Survey
#2092541
Datum: 3. Oktober 2018 um 07:26:12 MESZ
An:

Wir freuen uns sehr über ein Feedback von Ih-
nen!


Bitte teilen Sie uns Ihre mit dem MyCompany-
Support gemachten Erfahrungen mit
Wir würden Sie gerne nach Ihren Erfahrungen
mit dem Support-Team von MyCompany bezüglich
des Tickets 2092541 befragen. Um unseren Sup-
port-Technikern (Vorname C) die Bereitstellung
eines besseren Service in Zukunft zu erleich-
tern, möchten wir Sie dazu einladen, an unse-
rer Umfrage zur Kundenzufriedenheit teilzuneh-
men. Diese nimmt lediglich 2-3 Minuten Ihrer
Zeit in Anspruch. Vielen Dank für Ihr Feed-
back.
Zur Umfrage >>
Falls Sie den oben stehenden Link nicht sehen,
geben Sie bitte in Ihren Browser die folgende
URL ein:
https://surveynew.mycompany.com/aja/2092541015
18b...?lang=ger
Diese Umfrage steht Ihnen nur für eine be-
grenzte Zeit zur Verfügung. Wir bitten viel-
mals um Entschuldigung, wenn Sie nicht daran
teilnehmen können.


Diese E-Mail-Adresse wird nicht überwacht,
antworten Sie deshalb bitte nicht auf diese
Nachricht.
Falls Sie Fragen oder Anregungen haben, können
Sie uns jederzeit hier kontaktieren.
```

Diese E-Mail war ursprünglich als „HTML"-E-Mail formatiert und wurde zur besseren Lesbarkeit hier in Textform umformatiert. Da aber inzwischen nur noch sehr wenige E-Mail-Anwender HTML-E-Mails ausgeschaltet haben und sich als „normale" Text-E-Mail anzeigen lassen, dürfte dies gerade bei den „reinen" Endanwendern, die von der Firma erreicht werden wollen, korrekt angezeigt werden. Es erscheint dann auch eine große Schaltfläche „Zur Umfrage >>".

Wenn nach sechs Wochen die Umfrage aufgerufen wird, erscheint:

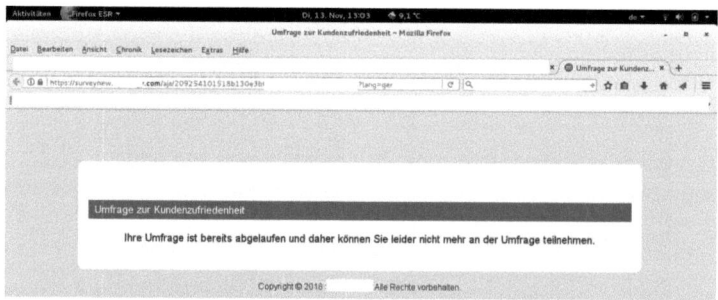

Es kann natürlich sein, daß exakt dies beabsichtigt ist. Das „Erlebnis" sollte noch nicht zu lange zurückliegen, so daß der Kunde noch lebhafte Erinnerungen an den Vorgang hat.

Auf der anderen Seite spricht dieses Verhalten und die E-Mail-Adresse („noreply@mycompany.com) nicht unbedingt dafür, daß die Firma viel eigene Zeit aufwenden möchte für diesen Bereich.

9 Online-Fragebogengeneratoren

In diesem Kapitel soll es um die Erstellung und auch Auswertug an einem konkreten Beispiel gehen - mit Hilfe von „SPSS"-Syntax.

9.1 Surveymonkey

Dieser Online-Fragebogengenerator unter

* https://www.surveymonkey.com/

wird in einer späteren Auflage behandelt werden.

Aufgrund der weiten Verbreitung sei er hier explizit erwähnt.

9.2 LimeSurvey

Im folgenden wird beispielhaft das Programm LimeSurvey 6.6.7 vorgestellt.

Es ist „Open Source". Leider gibt es kein „Debian"-Paket. Aber es ist z.B. bei dem Webhoster „1blu" als vorkonfiguriertes Modul anwählbar.

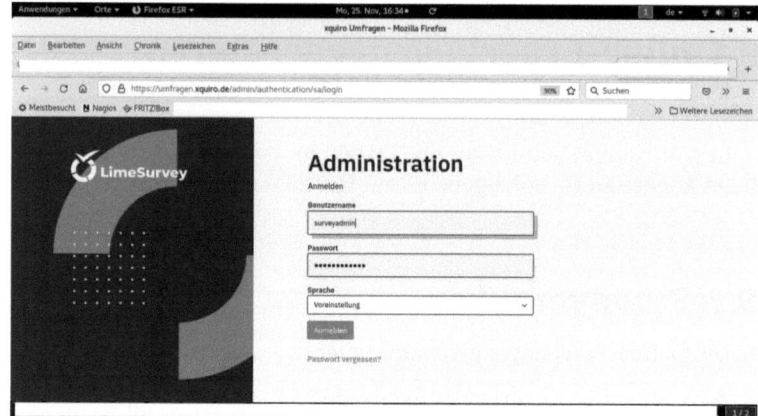

Abbildung 13: LimeSurvey: Anmeldung

Nachdem man sich erfolgreich bei „*LimeSurvey*"als Administrator eingewählt hat, kann man eine Umfrage auswählen.

9.2.1 Umfrage auswählen

Hier das Bildschirmabbild:

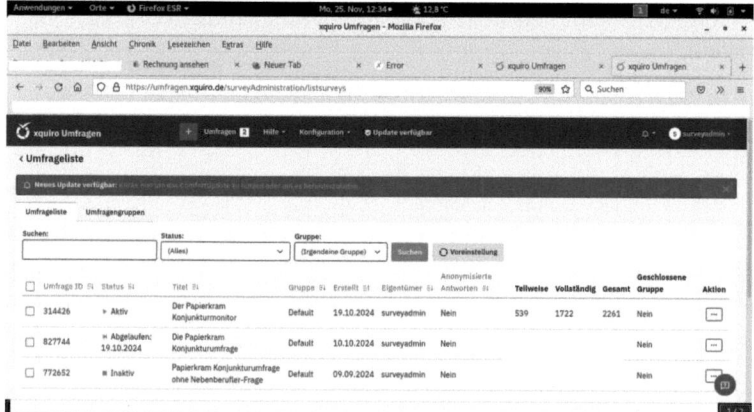

Abbildung 14: LimeSurvey: Eine Umfrage auswählen

Sobald man eine Umfrage ausgewählt hat, kommt das *Administrationsmenu*.

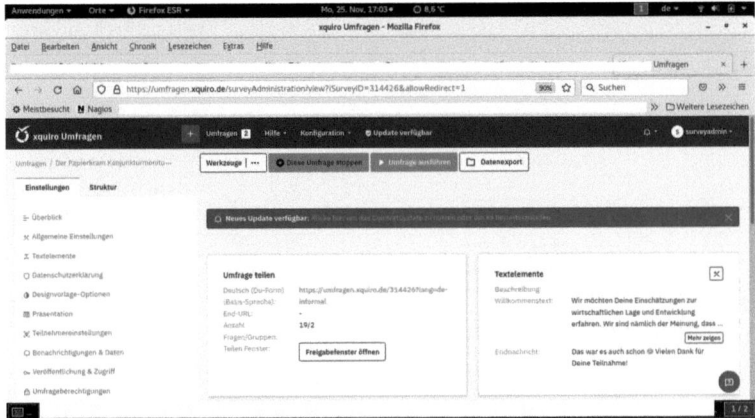

Abbildung 15: LimeSurvey: Umfragen-Administration

9.2.2 Datenexport

Es gibt mehrere „Export"-Schaltflächen. Damit die Daten exportiert werden können, muß links „Antworten" ausgewählt werden und dann oben „Datenexport".

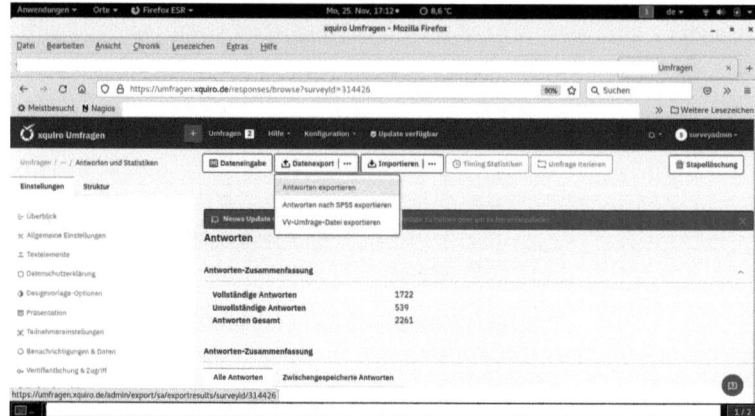

Abbildung 16: LimeSurvey: Antworten

Anschließend kann man bei „Antworten nach SPSS exportieren"
auch „PSPP" auswählen.

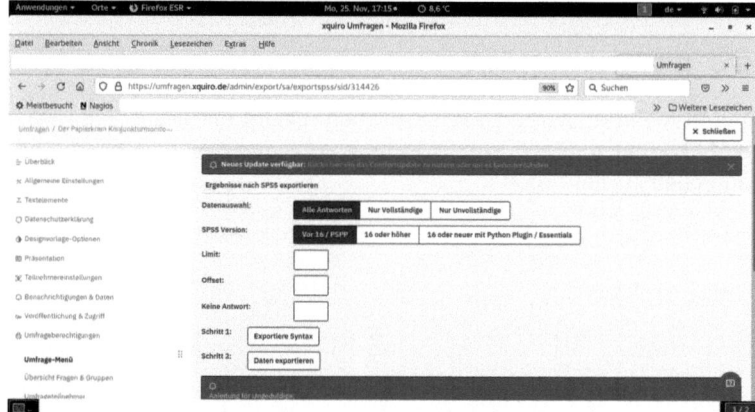

Abbildung 17: LimeSurvey: SPSS Export (auch PSPP)

SPSS ist ein Statistikprogramm, das leider inzwischen recht teuer geworden ist. Es gibt auch „GNU PSPP", das sich in der Bedienung und der Benutzeroberfläche sich sehr stark an SPSS anlehnt.

Die Diskussion, ob „Excel" oder „Calc" Statistikprogramme sind, soll hier nicht geführt werden. Nach Ansicht des Autors sind sie es nicht.

9.2.3 Auswertung von „LimeSurvey"-Daten mit „GNU PSPP"

Die Syntax muß in einigen Punkten abgeändert werden, damit sie durchläuft:

- den vollständigen Pfad der Datendatei *.dat* angeben

Dann allerdings fehlen einige Variablen, z.B.:

- „VARIABLE LABELS V40 "Wie bewertest Du die wirtschaftliche Lage in Deutschland im Allgemeinen?".

Die Definition lautete:

- V40 A4

Es zeigte sich allerdings, daß der gesamte SPSS-Export nicht sauber funktioniert hat und einige Spalten verschoben waren.

„LimeSurvey" bietet noch einen reinen SPSS-Export an.

Diese Datei läßt sich in „PSPP" öffnen.

Die Variable zu obiger Frage läßt sich mit SPSS-Syntax umcodieren in eine numerische Variable und auch die „Missing Values" lassen sich gleich definieren:

```
AUTORECODE
        VARIABLES = G02Q10 INTO G02Q10_
/blank missing.
```

Als Auffrischung: Wichtig bei SPSS-Syntax ist der Punkt, der einen Befehl beendet.

Im nächsten Schritt läßt sich eine Kreuztabelle mit den Häufigkeiten berechnen:

```
FREQUENCIES
       /VARIABLES= G02Q10_
       /FORMAT=AVALUE TABLE.
```

Leider fehlen die „Value Labels" der Frage:

G02Q10_

Wertelabel	Wert	Häufigkeit	Prozent	Gültige Prozente	Kumulierte Prozente
AO01	1,00	11	,49	,64	,64
AO02	2,00	263	11,64	15,32	15,96
AO03	3,00	660	29,20	38,44	54,40
AO04	4,00	634	28,05	36,92	91,32
AO05	5,00	149	6,59	8,68	100,00
	.	543	24,03	Fehlende Werte	
Gesamt		2260	100,0	100,0	

Mit folgender Syntax läßt sich die Variable automatisch umcodieren, umdefinieren und neue Value-Labels vergeben:

```
*   Fragebogen, Design und Syntax von
[...] und Dr. Kajetan Hinner, www.xqui-
ro.de, [...], www.hinner.com *.
* Version 0.2 vom 5.12.2024 *.

* A1. Was ist Dein Geschlecht? *.

DELETE VARIABLE G01Q16_.

AUTORECODE
       VARIABLES = G01Q16 INTO G01Q16_
/blank missing.

FORMATS G01Q16_(F1.0).

VALUE LABELS  G01Q16_
"1" "Weiblich"
"2" "Männlich"
```

```
  "3" "Divers"

VARIABLE  LABELS  G01Q16_  "Was  ist  Dein
Geschlecht?".


  FREQUENCIES
    /VARIABLES= G01Q16_
    /FORMAT=AVALUE TABLE
    /STATISTICS=MINIMUM MAXIMUM.
```

Mit folgender Syntax wird einzeln recodiert:

```
* A4. Unter welcher Rechtsform wird Dein
Unternehmen geführt?*.

DELETE VARIABLE G01Q03_.

 * AUTORECODE *
*       VARIABLES = G01Q03 INTO G01Q03_
/blank missing. *.

*          ("" = 99) *.

* recode G01Q03 *.
*          ("" = 99) *.
*          (convert) *.
*          into G01Q03_. *.

 recode G01Q03
        ("A001" =  1)
        ("A002" =  2)
        ("A003" =  3)
        ("A004" =  4)
        ("A005" =  5)
        ("A006" =  6)
        ("A007" =  7)
        ("A008" =  8)
        ("A009" =  9)
        ("A010" = 10)
```

```
      ("A011" = 11)
      into G01Q03_.


FORMATS G01Q03_(F2.0).

VALUE LABELS  G01Q03_
"1" "Einzelunternehmen"
"11" "Freiberufler"
 "2" "Gesellschaft  bürgerlichen  Rechts
(GbR)"
"3" "Eingetragener Kaufmann (e.K.)"
"4" "Offene Handelsgesellschaft (OHG)"
"5" "Kommanditgesellschaft (KG)"
 "6" "Gesellschaft mit beschränkter Haf-
tung (GmbH)"
 "7" "Unternehmergesellschaft (UG, haf-
tungsbeschränkt)"
"8" "Aktiengesellschaft (AG)"
"10" "GmbH et Co KG"

VARIABLE LABELS G01Q03_  "Unter  welcher
Rechtsform  wird  Dein  Unternehmen  ge-
führt?".


FREQUENCIES
    /VARIABLES= G01Q03_
    /FORMAT=AVALUE TABLE
    /STATISTICS=MINIMUM MAXIMUM.
```

Mit folgender Syntax wird im Anschluß der Umcodierung eine
Kreuztabelle erstellt:

```
* B11. Wie zufrieden bist Du generell
mit der Arbeit der Bundesregierung hin-
sichtlich der wirtschaftlichen Rahmenbe-
dingungen?*.
```

```
DELETE VARIABLE G02Q12_.

 AUTORECODE
      VARIABLES = G02Q12 INTO G02Q12_
/blank missing.

FORMATS G02Q12_(F1.0).

 VALUE LABELS  G02Q12_
 "1" "Ich bin sehr zufrieden"
 "2" "Ich bin zufrieden"
 "3" "Neutral"
 "4" "Ich bin unzufrieden"
 "5" "Ich bin sehr unzufrieden".

VARIABLE LABELS G02Q12_ "Wie zufrieden
bist Du generell mit der Arbeit der
Bundesregierung hinsichtlich der wirt-
schaftlichen Rahmenbedingungen?".


 FREQUENCIES
    /VARIABLES= G02Q12_
    /FORMAT=AVALUE TABLE
   /STATISTICS=MINIMUM MAXIMUM MEAN.


  CROSSTABS
 /TABLES= G02Q12_    BY     G01Q16_
 /FORMAT=AVALUE TABLES PIVOT
 /STATISTICS=CHISQ
 /CELLS=COUNT ROW COLUMN TOTAL.
```

10 Das Fragebogenprogramm RST

Mit RST (*Rapid Survey Tool*) kann man sehr einfach WWW-Fragebögen, Bestellformulare oder Masken für die einfache Dateneingabe erstellen.

Besonderer Wert wurde auf eine leichte Einarbeitung und einfache Konfiguration und Installation gelegt.

RST erzeugt aus einer Vorgabe-Datei den eigentlichen HTML-Code für den Fragebogen. Ebenso ist RST zuständig für das Abspeichern der Antworten in Daten-Dateien und das Erzeugen eines *Excel*-kompatiblen System-Daten-Files (*.csv*-Datei), das dann z.B. in das Statistikprogramm SPSS eingelesen werden kann. Es gibt auch Möglichkeiten für eine Online-Kurzauswertung der bisherigen Ergebnisse.

Das Aussehen des Fragebogens wird durch Kommandos in geschweiften Klammern {} definiert. Es gibt also keinen fehleranfälligen Editor für den Fragebogen, vielmehr können bestehende Text-Dateien mit den Fragen als Grundlage für die RST-Textdatei des Online-Fragebogens verwendet werden. In den meisten Fällen muß nur definiert werden, was Fragen {Q} und was Antworten {A} sind. Die Numerierung der Fragen und Antworten übernimmt RST automatisch.

Zusätzlich gibt es eine Konfigurationsdatei, die z.B. die Ausgaben des Programms, Fehlermeldungen etc. definiert. Es ist somit relativ einfach, mehrsprachige Fragebögen zu entwerfen.

Die Referenz-Dokumentation des Programms findet sich in englischer Sprache im Anhang.

10.1 Gedanken zur Softwareentwicklung generell

Aus vielen Gesprächen mit Programmierern und Anwendern habe ich gelernt, daß der Zeithorizont eine entscheidende Rolle spielt bei der Auswahl von EDV-Werkzeugen.

Dieser Zeithorizont wird oft ohne große Vergegenwärtigung mehr oder weniger stillschweigend hingenommen.

Mein Vorschlag wäre, drei Zeitebenen zu unterscheiden:

1. eine Umfrage, die nur ganz kurz laufen soll und nie wieder gebraucht wird

2. eine Umfrage, die über einen absehbaren Zeitraum laufen soll, z.B. über zwei oder drei Jahre.

3. eine Umfrage, die absolut langfristig angelegt ist, mehr oder weniger leicht angepaßt immer wieder in periodischen Abständen neu durchgeführt werden soll.

Beispiele wären etwa:

1. das Einholen eines aktuellen Meinungsbildes am Ende einer einmaligen Ausstellung.

2. eine Arbeitszufriedenheitsstudie, die über ein oder zwei Jahre laufen soll und dann beendet wird.

3. eine WM- und EM-Tipprunde, die nach dem mehr oder weniger immer gleichen Muster alle zwei oder vier Jahre mit anderen Mannschaften neu ablaufen soll.

Das entscheidende ist, daß je nach Zeithorizont andere Software-Mittel und -abhängigkeiten eingegangen werden können.

Es liegt auf der Hand, daß man sich bei 3) von so wenig Vorlieferanten wie möglich abhängig machen darf. Die Programmierung muß in einer Programmiersprache erfolgen, die nicht „zurückgezogen" oder „deprecated" werden kann von Dritten. Das Betriebssystem muß von vielen Mitarbeitern getragen werden, so daß nahezu ausgeschlossen werden kann, daß die Programmierung in zehn oder 20 Jahren nicht mehr läuft.

Auch auf das Design der Umfrage hat dies einen Einfluß: So nahe am Standard wie möglich, so wenig externe Programmierung oder „include"-Dateien etc.

Somit ist völlig klar: Bei Umfragen, die lange laufen sollen, die von der Aufwandsseite (Zeit und Kosten) verantwortungsvoll gehandhabt werden sollen, die nicht aus dem Ruder laufen sollen, die auch noch funktionieren sollen, wenn der Entwickler das Unternehmen längst verlassen hat, bleibt nur die eigene Programmierung mit absoluter Transparenz und Offenheit.

Wenn man sich nicht daran hält, wird man die Umfrage ein zweites Mal in Auftrag geben müssen.

10.2 Vorbemerkung und Lizenz

Hinweise: Alle Programme und Skripte werden ohne Garantie zur Verfügung gestellt. Diese können ohne kostenfrei verwendet werden, es gibt aber keine Gewähr oder Garantie, wenn etwas nicht so funktioniert wie es soll.
Bis jetzt wurde RST ausschließlich in einer Unix Umgebung getestet (Slackware/Debian Linux Kernel 2.0.36, 2.2.19, 2.4.x, 2.6.x, 3.2.x und Perl 5.004_04, bzw. unter FreeBSD 4.x). *Perl* ist eine relativ einfach zu erlernende und sehr umfangreiche Sprache. Es steht jedem frei, RST kostenlos zu verwenden. Es darf auch in einer kommerziellen Umgebung verwendet werden. Es darf allerdings nicht verkauft werden. Es darf auch nicht verändert oder auch verbessert und anschließend verkauft werden.

10.3 Überblick: Was ist RST?

RST ist ein leistungsfähiges Werkzeug um Online-Fragebögen, Bestellformulare und Eingabehilfen zu erstellen. Es ist zuständig für

1. die Erzeugung und Darstellung der Fragebogenseite bzw. des Formulars.

2. die von den Befragten übermittelten (eingegebenen) Daten abzuspeichern und zu verwalten.

3. den Zugriff des Verantwortlichen auf die Daten sicherzustellen: Datendatei, SPSS Syntax-Datei und zusammenfassende Ausgaben der Ergebnisse.

Damit RST verwendet werden kann, wird der Zugriff auf einen WWW-Server benötigt und die Bereitschaft vorausgesetzt, sich mit Linux (oder allgemein: *Unix*) auseinanderzusetzen. RST ist eher für langfristige Umfragen „professionellen" (d.h. z.B. in einem wissenschaftlichen oder unternehmerischen Umfeld) Charakters gedacht. Es können auf einem *Server* mehrere Umfragen parallel ablaufen.

Wenn nur eine einzige kurze Online-Umfrage benötigt wird, ist vielleicht ein Demonstrations-Zugang bei einem Umfrageunternehmen sinnvoller (z.B. *www.questback.de*).

RST wird nach wie vor kontinuierlich weiterentwickelt oder an Kundenbedürfnisse angepaßt. Im folgenden ist allgemein von Fragebögen die Rede. Bestellformulare, Eingabemasken und ähnliche Anwendungen sind damit mit enthalten.

10.4 Sicherheit

Es gibt keine verborgenen Funktionen in diesem Programm. Es gibt auch keinen Verweis (Link) zu Grafiken oder Hilfedateien, die nicht mitgeliefert werden. Alles, was benötigt wird, findet sich in der Archivdatei.

Allerdings sollte die Sicherheit auf dem System die höchste Priorität haben: Es sollten nur so wenig Rechte wie unbedingt nötig vergeben werden. Unter Unix geschieht dies in erster Linie über die Befehle "chmod" und "chown". Es gibt hierzu zusätzliche Ratschläge in den Hinweisen zur Installation.

10.5 Download

Der Link zum Download-Server lautet: http://www.hinner.com/rst/

10.6 Installation

Das Archiv wird mit diesen Befehlen entpackt:

```
gunzip rst_latest.tar.gz
tar -xvf rst_latest.tar
```

Nun sollte in das neu erzeugte Verzeichnis von *rst* gewechselt werden.

Anschließend sollte herausgefunden werden, wo das *cgi-bin* Verzeichnis des WWW-Servers liegt (z.B. über *locate cgi-bin*. Es könnte z.B. /usr/lib/cgi-bin/ sein, für *Apache2* unter FreeBSD 4.x ist es */usr/local/www/cgi-bin-dist/*, unter neueren Debian-Linux-Versionen könnte es */var/www/cgi-bin/* sein)

Es kann aber auch direkt unter dem WWW-Verzeichnis sein, wenn die Seiten bei einem Hosting-Provider abgelegt sind. Manchmal kann es auch sein, daß überhaupt keine CGI-Dateien ausgeführt werden können. Diese Fragen müssen mit dem Webhosting-Service geklärt werden. Auf vielen Systemen muß man zudem *root*-Rechte haben, um in dieses Verzeichnis schreiben zu dürfen.

Die RST-Dateien aus dem *cgi-bin* Unterverzeichnis müssen in das cgi-bin Verzeichnis des WWW-Servers übertragen werden. Im Beispiel:

```
cd cgi-bin
cp rst_main.cgi /usr/lib/cgi-bin/
cp rst_surveys.cfg /usr/lib/cgi-bin/
```

Sicherheit: Das **rst_main.cgi** Skript sollte nicht beschreibbar für "*others*" sein. Um dies zu erreichen, müssen die entsprechenden Rechte gesetzt werden. Außerdem kann der Eigentümer auf *www-*

data oder *root* gesetzt werden, falls es ein Problem mit dem Ausführen des Skripts gibt.

```
cd /usr/lib/cgi-bin/
chmod 750 rst_main.cgi
chown root:www-data rst_main.cgi
```

Als nächstes kommt die Konfigurationsdatei. Diese Datei sollte aus Sicherheitsgründen auch nur durch den einen berechtigten Benutzer gelesen werden können. Dazu kommt der Web-Server Zugriff (z.B. *apache2*). Somit muß in Erfahrung gebracht werden, unter welcher Kennung der jeweilige Web-Server Prozeß arbeitet. Es sollte nicht *root* sein. Falls es doch *root* sein sollte, sollte versucht werden, dies z.B. in *www-data* abzuändern (über die apache2-Konfigurationsdatei)..

```
chown www-data:www-data rst_surveys.cfg
chmod 600 rst_surveys.cfg
```

Die Konfigurationsdatei *rst_surveys.cfg* kann an einem beliebigen Ort liegen. Allerdings muß die entsprechende Zeile mit dem Verweis in *rst_main.cgi* angepaßt werden.

Damit ist der Hauptteil der Installation erfolgt. Nun geht es an das Design des Fragebogens und der weiteren Konfigurationsdateien. Außerdem muß in der Datei *rst_surveys.cfg* eingetragen werden, wo die *.config*-Datei der jeweiligen Befragung abgelegt wurde.

10.7 Die eigentliche Definitionsdatei des Fragebogens

Hier geht es um die Fragen und Antwortmöglichkeiten der eigentlichen Befragung. Es muß eine reine Textdatei sein (*ASCII oder UTF*, also nicht *Microsoft Word*, *Pages* etc.).

Diese Fragebogendatei (z.B. *rst_demo.txt*) ist sehr einfach gehalten. Es müssen keine Variablennamen vergeben oder durchnumeriert werden. Die Struktur des Fragebogens muß auch nicht näher spezifiziert werden. Dies wird alles vom RST Programm erledigt. Es gibt spezielle Codezeichen (*tags*), die diese Datei strukturieren. Diese müssen innerhalb von geschweiften Klammern geschrieben werden, wie z.B.:

```
{Q} Wie alt sind Sie?
{A} Zwischen 1 und 10
{A} Zwischen 11 und 20
{A} Zwischen 21 und 30
```

Einfach-Auswahl-Fragen (*simpleradio*) sind als Standard voreingestellt. Die Befragte kann nur eine Antwortmöglichkeit auswählen. Wenn mehrere Möglichkeiten zum Ankreuzen vorgegeben sein sollen, wird an den Fragetyp ein "c" (*checkbox*) angehängt.

```
{Qc} Wen haben Sie bis jetzt gelesen?
{A} Max Weber
{A} Georg Simmel
{A} Thorstein Veblen
{A} Karl Popper
{A} Alfred Schütz
```

Matrix-Fragen werden mit einer m(N,S,O) Sequenz definiert: N beschreibt die Anzahl Wahlmöglichkeiten pro Antwort. S die Anzahl der Leerzeichen zwischen den Knöpfen und O ist der Startwert der Antwortvariable (Nullpunkt).

10.8 Konfiguration

Ausgangspunkt sind die Fragebogen- und die Konfigurationsdatei der Umfrage. Hierzu werden zwei Beispieldateien angeboten: *rst_demo.txt* und *rst_demo.config*. Beide müssen auf ihre jeweilige Systemumgebung angepaßt werden. Zeilen, die wohl geändert oder zumindest geprüft werden müssen, sind mit drei Sternchen "***" gekennzeichnet.

Es ist sinnvoll, ein Verzeichnis für die Daten jeder Umfrage zu bestimmen, z.B. ein Unterverzeichnis unterhalb des „home"-Verzeichnisses). Hier werden Dateien zum Fragebogen abgelegt und die Daten gesichert. Die Zugriffsrechte müssen wieder sinnvoll gesetzt werden. Wenn es Probleme gibt, können sie probeweise auf global lesbar gesetzt werden (chmod +r *). Wenn es dann funktioniert, kann auf maximale Sicherheit angepaßt werden.

Um den Fragebogen aufzurufen, muß ein Link erzeugt werden wie in folgendem Beispiel:

```
.../cgi-bin/rst_main.cgi?_surveycfg=demo
```

"*demo*" bezieht sich auf den Namen der Umfrage. Es können unbegrenzt viele Fragebögen auf einem System bereitgehalten werden und parallel aktiv sein und von den Befragten aufgerufen werden. Eine gute Bezeichnung sollte für jeden Fragebogen gewählt werden und jede Umfrage sollte ein eigenes Unterverzeichnis für die Ergebnisdaten erhalten.

Der Link zu den internen (Auswertungs-)-Funktionen des Programms ist identisch, enthält aber eine zusätzliche Variable, z.B.:

```
.../cgi-bin/rst_main.cgi?
_surveycfg=demo&_mode=results
```

Bei beiden Beispielen müssen die führenden "..." mit dem Domain-Namen der verwendeten Internet-Adresse ersetzt werden, etwa *http://www.hinner.com*.

Nachdem der Fragebogen richtig definiert wurde, muß sichergestellt sein, daß der WWW-Server die Daten in die ihm zugewiesenen Verzeichnisse schreiben darf.

Beispielsweise kann der "owner" des Datenverzeichnisses auf den Benutzernamen des WWW-Servers gesetzt werden und die "group" auf dessen Gruppe. Oder andersherum. Es sollte nur sichergestellt sein, daß beide, sowohl der WWW-Server-Prozeß als auch der Fragebogenverwalter, auf die Dateien zugreifen können.

Das folgende Beispiel gilt dann, wenn ein „rst"-Unterverzeichnis erstellt wurde und der WWW-Server unter dem Benutzernamen "www-data" (*user* und *group*) läuft:

```
cd ~/rst/
mkdir survey_data
chown www-data:www-data survey_data
```

```
chmod 775 survey_data
```

10.8.1 Die Datei rst_surveys.cfg

Diese Datei definiert alle auf dem System laufenden Umfragen. Sie ist sehr einfach aufgebaut. Am Anfang kommt der Name der Umfrage, dann der Pfad zu der Konfigurationsdatei der Umfrage, und anschließend ein Modus-Bezeichner. Beispiel:

```
# rst_surveys.cfg – example file
umfrage  /home/khh/rst/rst_umfrage.cfg <Modus>
```

Wenn entweder der Name oder die Konfigurationsdatei nicht existieren, erfolgt eine Fehlermeldung und der Abbruch des Programms. Es muß dafür Sorge getragen werden, daß hier gültige Werte eingetragen werden.

Bis jetzt wird an Modi unterstützt: "*View*". Derartige Umfragen können nur betrachtet werden aber nicht weiter ausgefüllt. So kann z.B. nach Ablauf der Umfrage der Fragebogen noch zu Dokumentationszwecken bereitgehalten werden.

10.9 Locale: Unterstützte Sprachen.

Bis jetzt sind nur Englisch und Deutsch enthalten. In den entsprechenden Dateien werden Fehlermeldungen und andere Sprachabhängige Einstellungen definiert:

- rst_locale.de.pl
- rst_locale.us.pl

Anhand dieser Beispiele können Übersetzungen angefertigt werden.

10.10 Befehle und Code-Buchstaben

10.10.1 Befehle und Beschreibung:

{survey} Die Fragebogendatei sollte mit diesem Befehl beginnen.

{createsyntax} schreibt eine rudimentäre SPSS Syntaxdatei.

{newpage} definiert mehrere Teile eines Fragebogens.

{<html>} übernimmt html-Syntax (ohne Absatzmarkierungen etc. wie ohne {<....>})

>   Beispiel: {<HR>} Horizontale Linie (*rule*).

{mail emailaddress} Sendet eine Email, sobald die Zeile ausgeführt wird. Dies kann sowohl beim Aufruf des Fragebogens als auch nach dem Abschicken genutzt werden.

>   Beispiel: {mail test@hinner.de} in der Definitionsdatei des Fragebogens schickt eine Mail, sobald der Fragebogen *aufgerufen* wurde. {mail test@hinner.de} im $rst_eos_header HTML (in der Fragebogenkonfigurationsdatei) schickt eine Mail, sobald der Fragebogen *ausgefüllt* wurde.

{lastanswer} Definiert die letzte Frage, notwendig bei *Drop-Down* (Auswahlfeld) Fragen und oft auch sinnvoll für die bessere Lesbarkeit der Fragebogendatei.

{quit} Unterbricht das Einlesen des Fragebogentextes. Der Fragebogen wird bis zur Zeile davor interpretiert und ausgegeben. Der Rest wird ignoriert.

10.10.2 {Q} Frage (question)

Ohne weitere Befehle werden alle Fragen durchnumeriert (1,2,3,...) und sind vom Typ *Simple Radio* (nur eine Auswahl möglich).

{Qc} *Checkbox* Modus (mehrere Antwortmöglichkeiten sind ankreuzbar).

{Qm(N,S,O)} *Matrix* Modus, N steht für die Anzahl der Antwortmöglichkeiten bei jeder Frage. S die Leerzeichen zwischen den Knöpfen und O ist der Nullpunkt des Variablenwertebereichs.

{Qd(SIZE=3 Multiple)} Auswahlfragen (*Drop-Down*). Die in Klammern angegebenen Zusätze werden eins zu eins in den HTML-Code kopiert. Das hier gegebene Beispiel bedeutet, daß 3 Optionen gesetzt werden können und daß der Anwender mehr als einen Eintrag auswählen kann. Nur in diesem Fall, wird der Variablenname der Frage speziell modifiziert: Zum einen wird "_m" angehängt, zum anderen werden die einzelnen Werte mit Kommas getrennt. Tipp: Mit dem 'e' Kommando kann der HTML-End-Code für Fragen ausgeschaltet werden, was bei Auswahlfragen besonders sinnvoll ist.

{Qs} *Sequenz.* Sinnvoll bei eingerückten Filterfragen. Die Frage erhält die gleiche Nummer wie die vorherige, statt dessen werden angehängte Buchstaben weiterge"zählt" (a,b,c).

{Q&vname&} Der Variablenname wird nicht automatisch bestimmt (z.B. *Q12*), sondern definiert *vname*, z.B."alter"). Die '!' Option ist dann sinnvoll, wenn auch die normale Numerierung der Frage (eben z.B. *Q12*) nicht bei der Frage mit ausgegeben werden soll.

{Q!} Nummer der Frage oder den Fragenbezeichner (z.B. "*Q12*") nicht vor dem Text der Frage ausgeben.

{Q=} Die Variablennummern werden nicht automatisch weiternumeriert (dies z.B. sinnvoll bei Fragen, die nachträglich in einen bereits laufenden Fragebogen eingefügt werden und ansonsten die ganze Numerierung durcheinander brächten oder bei der &&-Option).

{Qi} *indent* (Einzug). Vier Leerzeichen vor dem Fragentext werden ausgegeben.

{Qb} *beginning* (Beginn): Es wird *nicht* der normalerweise am Anfang ausgegebene HTML-Code einer Frage ausgegeben. Dieser ist in der Konfigurationsdatei einstellbar und enthält z.B. einen Zeilenvorschub.

{Qe} *end* (Ende): Es wird *nicht* der normalerweise am Ende ausgegebene HTML-Code einer Frage ausgegeben. Dieser ist in der Konfigurationsdatei einstellbar und enthält z.B. einen Zeilenvorschub. Die 'e' Option ist dann sinnvoll, wenn mehrere Fragen in einer Zeile ausgegeben werden sollen.

10.10.3 {A} Antwort

Dies bezieht sich in den meisten Fällen auf die vorherige Frage {Q}.

Ohne weitere explizite Befehle hängt der Antworttyp von der vorherigen Frage ab.

{A_} definiert ein *Textfeld.* Beispiel: {A_20_25} bestimmt ein Feld mit 20 Zeichen Breite und einer maximalen Länge von 25 (letzteres hängt allerdings vom *Browser* ab. Es kann sein, daß trotz dieser Limitierung weit längere Eingaben möglich sind und übertragen werden).

{At(rows="3" cols="50")}. *Textflächen*-Eingabefeld. Im Beispiel 3 Zeilen und 50 Spalten.

{A&vname&} Keine automatische Benennung der Variable, sondern explizite Definition des Variablennamens.

{A=} keine automatische Weiternumerierung der Antwort.

{A+} Nummer der Antwort um eins erhöhen und Antwortsequenznummer (*answerseq_no*) zurücksetzen.

{Ai} *indent* (Einzug): Ausgabe von vier Leerzeichen. Nicht bei Matrix-Fragen verwenden!

{Ab} *beginning* (Beginn): Keine Leerzeichen vor der Antwort ausgeben (falls kein Einzug gewünscht wird).

{Ae} *end* (Ende): Keinen Zeilenvorschub am Ende der Antwort ausgeben (wenn die nächste Antwort in der gleichen Zeile stehen soll). Tipp: Bei Auswahlfragen (*Drop-Down*, 'd') ist 'e' voreingestellt.

{A<extrahtml>} Fügt zusätzliche „*html-Befehle*" in den bestehenden Antwortcode ein. Dies ist sinnvoll, wenn je nach Antwort unterschiedliche Funktionen gebraucht werden. Im Moment nur bei *Simple Radio* Antworten möglich. Beispiel: (mit eingeschaltetem *Javascript* und definierter Funktion

```
AutoJump(destination) {window.location=d
estination)
```

Beim Anklicken der Antwort springt der *Browser* gleich weiter zur nächsten Frage (Filter-Möglichkeit):

```
{A<OnClick=("#Q10")>}
```

In den mitgelieferten Beispieldateien finden sich weitere Beispiele.

10.10.4 {#} Berechnung

{#ABQ(5-3)} gibt die Nummer der Antwort (A), Antwort-Sequenz (B), Frage (Q) aus. Ausdrücke in Klammern werden berechnet, z.B.: {(Q-1)} gibt die Nummer der vorigen Frage aus.

10.10.5 {G} Graphik. Ausgabe von speziellen HTML-Codes.

{Gm} *matrix*: Gibt die Numerierung einer Matrix-Frage aus, sinnvoll ist dies z.B. zu Beginn und Ende einer Matrix-Fragen-Batterie.

{Ge} *end* html: Gibt einen Zeilenvorschub nach einem *Graphic*-Kommando aus (wenn beide in einer Zeile ausgegeben werden sollen).

10.11 Hinweise:

- && kann für Variablennamen frei verwendet werden, allerdings dürfen sie nicht mit "_" beginnen, da so RST-interne Variablen gekennzeichnet werden.

- Zeilenvorschübe (*Carriage returns*) werden durch <cr> und "*new lines*" mit <br> bei allen Textantworten ersetzt (z.B. *textarea*).

- Zusätzlich werden automatisch immer eine oder sogar zwei weitere Variablen erzeugt: _timeb und _timee. Bei jedem Aufruf des Fragebogens wird die Zeit in der Variable *timeb* (Beginn) abgespeichert, bei jeder Abgabe in *timee* (Ende). Wenn jemand einen Fragebogen nur aufruft, aber nicht abschickt, wird zu seiner ID-Nummer kein Eintrag unter *timee* zu finden sein.

10.11.1 Ergebnis- und interner Modus

In der bisherigen Version kann man eine Ergebnisseite ausgeben lassen. Weiterhin wird die Erzeugung einer Datendatei mit den Befragungswerten (*Excel*-kompatibel) angeboten und die Erstellung einer SPSS-Syntax-Datei, die viele Variablen enthält, aber natürlich nur als rudimentäre Vorlage dienen kann und noch weiter angepaßt werden muß.

Beide Dateien müssen bei manchen WWW-Browsern mit "*Reload*" zwangsweise neu übertragen werden, wenn bereits eine Version im Cache existiert.

10.11.2 Befehle im Ergebnismodus

Für ein besseres Verständnis dieser Befehle siehe die Konfigurationsdatei *rst_demo.de.config* und dort den Eintrag unter
rst_summary_html.

- tail(n,var): Ausgabe der letzten *n* Zeilen der Variable *var*.

- head(n,var): Ausgabe der ersten *n* Zeilen der Variable *var*.

- mean (var): Ausgabe des arithmetischen Mittelwertes der
  Variable *var*.

- maxindex (var): Ausgabe der größten Index-Zahl einer Variable (z.B. für die Anzahl der Teilnehmer).

- max (var): Ausgabe des häufigsten Wertes der Variable *var*.

10.11.3 Fehlerbehandlung und -beseitigung

Wenn Fehler auftreten oder etwas nicht funktioniert:

1. Prüfen der Logdateien des WWW-Servers (z.B.:
   /var/log/apache/error.log oder *access.log* im selben Verzeichnis)

2. Prüfen der RST-internen Logdateien für Fehler des Fragebogens (im Verzeichnis des Fragebogens oder bei Schreib-
   berechtigungsproblemen unter */tmp/*, im mitgelieferten Beispiel: *rst_demo.error*).

3. Prüfen, ob im /tmp Verzeichnis Dateien mit RST-Fehlermel-
   dungen stehen (z.B. */tmp/rst.error*).

4. Darüber hinaus muß sichergestellt sein, daß der WWW-Server-Prozeß in die ihm zugewiesenen Verzeichnisse des Fragebogens schreiben darf.

5. Allgemeine Fehlersuche: Der *apache2*-Prozeß muß überhaupt laufen, es muß Festplattenplatz vorhanden sein, es
   darf kein Firewall-Problem geben.

10.12 Befehlszeilen (Command line) Modus

Seit der Version 1.3 ist RST in der Lage, HTML-Dateien zu erzeugen, die dann später von Hand weiterbearbeitet werden können. Insofern muß RST nicht durchgängig als Umfrage-Tool benutzt werden, sondern es kann bei der Erstellung der Numerierung und des HTML-Codes für Fragen helfen und anschließend die HTML-Ausgabe von Hand weiter bearbeitet werden.

In jedem Fall muß allerdings eine Konfigurationsdatei für den Fragebogen und ein *Locale*-Datei angegeben werden. Ansonsten kann RST nicht arbeiten.

Außerdem muß eine Textdatei mit der eigentlichen Definition des Fragebogens vorliegen. Zusammenfassend kann man RST im Befehlszeilenmodus wie folgt starten:

```
perl rst_main.cgi infile.txt <outfile.html>
```

In jedem Fall muß die Fragebogendefinitionsdatei angegeben werden (*infile.txt*).

Zudem muß eine gültige Konfigurationsdatei gefunden werden können (entweder über die Option -c oder RST versucht sie selbst zu finden).

Darüber hinaus gibt es folgende Parameter:

-c<configfile> - Achtung, es darf kein Leerzeichen nach dem -c sein.

-l<localefile>

-s<surveycfg> Definiert die Umfrage. Das ist sinnvoll, wenn *rst_main.cgi* über *cgi-bin POST* aufgerufen wird. Hiermit wird die Umfrage und der Ablageort der Variablen definiert.

Wenn diese Dateien nicht spezifiziert werden, versucht RST selbständig, sinnvolle Vorgaben zu treffen. Wenn kein Name für die

HTML-Ausgabedatei angegeben wird, wird eine Datei *<infile>.html* erzeugt.

10.13 Übersicht zu den einzelnen Dateien

Diese Dateien müssen für jede Umfrage angelegt werden und werden hier noch einmal zusammengestellt aufgeführt.

Sie müssen nicht im cgi-bin-Verzeichnis liegen, sondern z.B. unter /home/user/rst/ oder /root/rst/:

- *'Name'.config* (Definitionsdatei): Diese Datei legt sämtliche Pfade und das Passwort einer Umfrage fest, außerdem welche Fragebogendatei ('Name'.txt) verwendet wird und wohin die Daten gespeichert werden. Auf diese *.config*-Datei muß in der "*rst_surveys.cfg*"-Datei nach dem Namen der Umfrage verwiesen werden (Beispiel: *demo_de /home/user/rst/rst_demo.de.config*).

- *rst_'name'.txt* (Fragebogendatei): Dieses Textdokument ist der eigentliche Fragebogen - die Beschreibung erfolgt in der "RST"-Beschreibungssprache ({Q} etc.).

- *rst_'name'.error* (Fehlerdatei): Diese Datei wird ggf. vom RST-Programm erzeugt (in einem Pfad, der in der .config-Datei festgelegt wurde und auf den der www-Prozeß Schreibrechte haben muß, man kann aber auch nur diese Datei anlegen und beschreibbar setzen, der ganze Pfad muß nicht unbedingt beschreibbar sein). In dieser Datei werden wie in einem Logbuch aufgetretene Fehler und Warnungen gesichert.

- *rst_'name'.id* (ID-Datei, Zähler der Fragebogenabrufe): Mit jedem Aufruf des Fragebogens wird ein Zähler erhöht, damit eine eindeutige Zuordnung der ausgefüllten Fragebögen möglich ist (und z.B. mehrfache "Abschicken"-Klicks nicht zu doppelten Datensätzen führen können). Für die Rechte gilt analog das zu der „..error"-Datei geschriebene.

Zu diesen Dateien müssen in der .config-Datei die Pfade definiert werden:

- *data/*: Verzeichnis, in dem die Rohdaten der ausgefüllten Fragebögen vom Webserver abgelegt werden (RST versucht, dieses Verzeichnis automatisch anzulegen; der Webserver benötigt also in jedem Fall das Schreibrecht für das Verzeichnis und evtl. sogar das Recht, dieses Verzeichnis anzulegen – außer es wurde bereits angelegt).

- *rst_locale.de.pl* oder *rst _locale.us.pl* (Sprachendatei): Hier werden alle Texte, die das Fragebogenprogramm ausgibt, festgelegt. Somit ist eine Beschriftung z.B. des „Abschicken"-Knopfes in der jeweilige Sprache der Umfrage möglich.

- *rst_results.de.txt* (Abfragedatei): Um die Ergebnisse abzufragen benötigt man diese Datei (Ergebnis-Modus).

- *rst_results.pl* (Ergebnisdatei): Diese Datei ist für die Ergebnisausgabe. Dadurch können beliebig formatierte Zwischen- und Endergebnisse der Umfrage dargestellt und programmiert werden (ebenso wie RST in der Programmiersprache *Perl*).

11 Rechtliche Implikationen der Veröffentlichung von Umfrageergebnissen

In diesem Kapitel sollen kurz rechtliche Aspekte aufgegriffen werden.

Im Grunde könnte man folgende Bereiche voneinander abgrenzen:

- rechtlich verbotene Fragestellungen, in einem bestimmten Zusammenhang, z.B. der sexuellen Orientierung bei Arbeitgebern.

- datenschutzrechtliche Problematiken bei der gesamten Bandbreite einer Online-Umfrage (Planung, Erhebung, Auswertung, Distribution etc.)
- Bewußte Veröffentlichung falscher Ergebnisse

Leider ist - in den Augen des Autors - die Rechtsprechung in Deutschland nicht mehr immer mit den Realitäten des „Online-Zeitalters kohärent.

Auch dauert es in den Augen des Autors zu lange, bis Rechtssicherheit hergestellt werden kann.

Vieles wird in den Augen des Autors aus den USA importiert[17].

So lohnt sich auch ein aktueller Blick zu Nachrichten

Aus „Focus Online"[18]:

---

[17] Aufgrund einer Vielzahl neuer Gesetze und Urteile ist in den Augen des Autors die freie Meinungsäußerung in Deutschland nicht mehr in einer Form möglich, wie sie es vor einigen Jahren noch war. Somit ist generell dieses Buch als „freie Meinungsäußerung" zu verstehen. Deshalb diese übervorsichtigen Formulierungen. Wenn es wieder ein solideres Fundament für entsprechende Aussagen geben sollte, wird der Autor diese Absicherungen wieder entfernen können. Noch ist es leider so, daß viele aus dem Umfeld des Autors die Problematik überhaupt nicht erkannt haben. Es erscheint mit fortgeschrittener Lebenserfahrung dem Autor hoffnungslos, Menschen von Wirkungen einer Problematik zu überzeugen, wenn sie der Problematik selbst noch gar nicht gewahr wurden.

[18] https://www.focus.de/panorama/welt/es-geht-um-eine-umfrage-trump-verklagt-meinungsforscherin-und-regionalzeitung_id_260570949.html

Der designierte US-Präsident Donald Trump hat eine Meinungsforscherin und eine Regionalzeitung wegen einer Umfrage verklagt, in der die Unterstützung für den Republikaner im US-Bundesstaat Iowa stark unterschätzt wurde.

Die Klage wurde am Montagabend eingereicht; als Beklagte genannt werden die Meinungsforscherin Ann [...], die Zeitung „[...]" und dessen [müßte eher „deren" lauten, K.H.] Konzernmutter [...]. In dem Dokument wirft Trump [...] und den Mitbeklagten „dreiste Wahlbeeinflussung" vor und fordert Schadenersatz in nicht genannter Höhe.

Die Klage dreht sich um eine nur wenige Tage vor der US-Präsidentschaftswahl am 5. November veröffentlichte Umfrage, die Selzer ausgeführt hatte. In der Erhebung lag die demokratische Präsidentschaftskandidatin Kamala Harris in Iowa überraschend drei Prozentpunkte vor Trump, der dort 2016 und 2020 klar gewonnen hatte. Die Umfrage befeuerte Hoffnungen der Demokraten, dass andere Erhebungen, die ein Kopf-an-Kopf-Rennen voraussahen, die Unterstützung für Trump übertrieben.

Die Umfrage sei „nur ein Stück politisches Theater" gewesen, „das von einer Einzelperson ausgeheckt wurde - [...]", heißt es in der Klage weiter. Sie „hätte es besser wissen müssen, als die Wähler mit einer Umfrage zu vergiften, die nichts weiter als ein Werk der Fantasie war". [ebd.]

Der Autor wird den Ausgang dieses Prozesses verfolgen und in einer der nächsten Auflage darüber weiter berichten.

Entscheidend ist - das sollte in den Augen des Autors auch juristischen Laien klar sein - daß Umfrageergebnisse eigentlich besonders geschützt sein müßten. Es wird ja dem „nicht vorgebildeten Leser" ein angebliches Stimmungsbild oder Ergebnis vermittelt. Vor diesem Hintergrund hat sich der Autor schon seit langem - und besonders in der „Corona"-Zeit - gewundert, vor welchem wissenschaftlichen

Hintergrund hier eigentlich politische Handlungsempfehlungen gegeben werden konnten.

12 Zusammenfassung und Ausblick

In der vorliegenden dritten Auflage konnte nach wie vor nur auf die rudimentären Grundlagen eingegangen werden, deshalb muß leider für die RST-Dokumentation auf die Internet-Seite www.hinner.com/rst verwiesen werden.

Wie könnte sich der Bereich der Online-Befragungen weiter entwickeln?

Ein Trend wird immer weiter zunehmen: mobiles Internet: Der Aufruf über Telefone (*iPhone, Android, Microsoft Mobile*) oder *Tablet*-Geräte (*Apple iPad, Amazon Fire, Samsung Tablet*). Es heißt, daß inzwischen mehr als 50 % des WWW-Datenverkehrs von mobilen Endgeräten stammt.

Das bedeutet, es muß Rücksicht genommen werden auf:

- höhere Wahrscheinlichkeit für einen Verbindungsabbruch (Technik)

- höhere Wahrscheinlichkeit für einen Abbruch der Befragung, weil etwas „dazwischenkommt" (Motivation zum Abschluß einer Befragung)

- langsamere Internet-Anbindung (Umfang des Fragebogens und der Bilder)

- tendenziell kleinere Bildschirme: weniger „scrollen", evtl. nur eine Frage pro Seite. Dies hat auch den Vorteil, daß bei einem vorzeitigen Abbruch durch den Befragten zumindest einige Antworten bereits vorliegen - die wichtigsten Fragen sollte man somit tendenziell eher vorziehen.

In der nächsten Auflage wird mit aktuellen Beispielen aus der Praxis die Thematik Online-Umfragen weiter abgerundet.

13 Anhang

13.1 Informationsinfrastruktur für die Soziologie

Dieser kurze Abschnitt soll an einem realen Beispiel die inzwischen obsoleten Anforderungen an die Informationstechnologie eines wissenschaftlichen Instituts illustrieren. Es handelt sich dabei um das Institut für Soziologie in Rostock, hier war der Autor von 1996 bis 2002 als wissenschaftlicher Mitarbeiter bzw. Assistent beschäftigt. Der Takt in der Informations- und Kommunikationstechnologie ist so schnell, daß ein Innehalten und eine deskriptive Bestandsaufnahme, was noch vor zehn Jahren genügt hat, inzwischen eine historische Berechtigung hat.

13.1.1 Vorbemerkung

Die Entwicklung der letzten Jahre führte zu einem relativen Höhepunkt in der Vernetzung von Computern. Inzwischen gehört ein leistungsfähiger Computer mit Internetanschluß zur Standardausstattung eines Wissenschaftlerarbeitsplatzes. Für ein wissenschaftliches Institut hat sich das Anforderungsprofil ebenfalls geändert. Waren früher lokale Netzwerke (*Novell*) im Einsatz, liegt der Schwerpunkt inzwischen in einer Internet-Integration des lokalen Netzwerks. Dazu kommt die Steuerung der Außendarstellung über WWW-Seiten.

Ausgehend von den Erfahrungen am Institut für Soziologie der Universität Rostock versucht dieser Beitrag, die Anforderungen an eine Informationsinfrastruktur für soziologische Institut zu benennen und Lösungen aufzuzeigen.

13.1.2 Anforderungen

Jeder Wissenschaftler muß heute über einen mehr oder weniger leistungsfähigen PC und Monitor verfügen, evtl. auch über einen Drucker am Arbeitsplatz. Sämtliche PCs eines Instituts sind untereinander in einem lokalen Netzwerk (LAN) vernetzt, das wiederum über eine Internet-Anbindung verfügt. Die dafür notwendige Verkabelung liegt bereits vor.

13.1.3 Arbeitsplätze

Jeder Angehörige des soziologischen Instituts verfügt an seinem Arbeitsplatz über einen Computer. Weil die meisten Anschaffungen zu unterschiedlichen Zeitpunkten erfolgen, existiert eine große Vielfalt an unterschiedlichen Hard- und Software-Systemen.

13.1.4 WWW-Server

Als WWW-Server kam ein schon damals ausgemusterter ehemaliger Arbeitsplatzrechner zum Einsatz: Ein Hewlett-Packard Vectra, P5/120: 32 MB Hauptspeicher, zwei 2 GB Festplatten, CD-ROM Laufwerk, 3,5 und 5,25 Zoll Diskettenlaufwerk. Eine 10 MBit/s Netzwerkkarte ist integriert.

Gründe und Vorteile dieser Konfiguration: Der Rechner lief seit 1996 als WWW-Server des soziologischen Instituts mehr oder weniger durchgängig. Das Institut hatte insgesamt fünf Rechner dieser Bauart, davon ist erst einer ausgefallen (*2nd Level Cache* defekt). Das 5,25" Diskettenlaufwerk kommt noch ab und zu zum Einsatz (alte Datensätze und Dateien). Die Datenübertragungsrate von 10 MBit/s ist vollkommen ausreichend und hat z.B. den Vorteil, daß der Rechner für evtl. Hacker nicht ganz so attraktiv ist wie ein Computer, der mit 100 MBit/s oder gar 1 GBit/s angebunden ist. Für den üblichen WWW-Verkehr eines Instituts ist diese Datenübertragungsrate vollkommen ausreichend.

Das Betriebssystem ist Debian Linux (*www.debian.org*). Als WWW-Server wird *Apache* eingesetzt. Zugleich dient der Rechner als *Ftp-Server* (Programm: *Proftpd*) für das Institut, über ein DNS-Alias (*cname*) verwiesen die Präfixe *www.* und *ftp.* letztendlich auf denselben Rechner.

Mit FTP haben Studenten und Mitarbeiter Zugriff auf zentral abgelegte Dateien der Mitarbeiter und Dozenten, z.B. Beispieldateien für Methoden-Kurse.

Für Online-Umfragen und als Dateneingabe-Tool wird ein selbstentwickeltes Programm (*Rapid Survey Tool*, www.hinner.com/rst/) verwendet, das auch mit relativ großen Befragtenzahlen (über 2000 in einem Monat) problemlos zurechtkommt. Dieses CGI-Programm (*Perl*) läuft ebenso auf diesem WWW-Server.

Zugleich hält dieser Rechner ständig acht Verbindungen zu *IRC-Servern* aufrecht, um regelmäßig die Zahl der Benutzer abzufragen (*www.hinner.com/ircstat/*).

Die Erfahrungen über die letzten Jahre waren in summa sehr positiv. Obwohl der Rechner an sich völlig antiquiert war, eignete er sich als Server mit vielen Funktionen vollkommen. Zeitaufwendig war allerdings die erste Installation und das Konfigurieren der verschiedenen benötigten Dienste. Auch müssen beständig neuere Versionen von Programmen mit Sicherheitsproblemen eingespielt werden, z.B. früher sendmail (jetzt *exim*), wu-ftpd (jetzt *proftpd*), Counter.cgi (jetzt ganz entfernt).

Dadurch, daß der entscheidende Rechner direkt im Institut stand und alle benötigten Dienste selbst unter der direkten Kontrolle der dortigen Mitarbeiter waren, war das Institut relativ autark und nur selten (z.B. Namensvergabe, DNS, IP-Nummern) auf externe Hilfe angewiesen. Dies hat sich z.B. als äußerst nützlich für die Entwicklung von CGI-Programmen erwiesen oder die ad-hoc-Einbindung von Notebooks von Gästen oder auswärtigen Forschern (Stichwort: Dynamische IP-Vergabe mit DHCP nach MAC-Adresse).

Im Jahr 2003 wurde der WWW-Server des Instituts abgeschaltet und diese Aufgabe von einem Server im Rechenzentrum übernommen.

Anmerkung vor dem Hintergrund der zweiten Auflage: Inzwischen ist es nach der Kenntnis des Autors nicht mehr ohne weiteres gestattet von den Rechenzentren, daß eigene Server (DHCP, www-Server, ftp-Server) betrieben werden.

13.1.5 WWW-Server https: TLS, SSL, Zertifikate

Welche Konfigurationsanpassungen werden häufig im Bereich der Online-Umfragen vorgenommen?

Zur Zeit genießt *http* keinen besonders guten Ruf, es wird von vielen Stellen empfohlen, generell auf *https* zu setzen. Der Autor teilt diese Ansicht nicht ohne Vorbehalte, denn es wird ein Ausmaß an Sicherheit suggeriert, das nicht besteht. Auch können viele Endanwender nicht prüfen, ob eine *https*-Verbindung valide ist (das zugrunde liegende Zertifikat etwa gültig etc.). In einem eigenen Kapitel wird dies evtl. in einer späteren Auflage eingehender behandelt.

13.1.5.1 Umleitung http → https

Es gibt neben der unverschlüsselten Variante des http-Protokolls noch eine verschlüsselte Variante. Die Portnummern:

- Port 80: http

- Port 443: https

Der Browser baut in der Standardkonfiguration[19] eine *http*-Verbindung auf. Gibt man z.B. „google.de" ein, wird die Verbindung zu Port 80 geschaltet.

In der Konfiguration des WWW-Servers „apache2" kann über eine Option eine Umleitung auf „https" erzwungen werden:

```
# convert http to https
RewriteCond %{HTTPS} !=on
RewriteRule   ^.*$    https://%{SERVER_NAME}%{RE-
QUEST_URI} [R,L]
```

Testet man diese Verbindung auf der Kommandozeile unter Linux mit *wget*, sieht man die „302"-Weiterleitung (*moved temporarily*):

---

[19] noch – Stand 2017, dies wird sich in den nächsten Jahren evtl. ändern

```
wget www.hinner.de
HTTP-Anforderung    gesendet,    warte    auf    Ant-
wort... 302 Found
Platz: https://www.hinner.de/[folge]
```

Oder mit *curl*:

```
curl www.hinner.de
<!DOCTYPE   HTML   PUBLIC   "-//IETF//DTD   HTML
2.0//EN">
<html><head>
<title>302 Found</title>
</head><body>
<h1>Found</h1>
<p>The document has moved <a href="https://ww-
w.hinner.de/">here</a>.</p>
</body></html>
```

13.1.5.2 Verschlüsselung: ssl2, ssl3, TLS

In der Konfigurationsdatei des WWW-Servers *apache2*, „/etc/apache2/sites-available/site_de_ssl.conf" kann eingestellt werden, daß veraltete Verschlüsselungsverfahren nicht mehr unterstützt werden sollen:

```
SSLRequire %{SSL_CIPHER_USEKEYSIZE} >= 128
SSLProtocol All -SSLv2 -SSLv3
  SSLCipherSuite  RSA:!EXP:!NULL:+HIGH:+MEDIUM:-
LOW
```

13.1.5.3 Der Verbindungsaufbau scheitert mit Fehler 403

Hier ein Beispiel aus der Praxis: Ein größeres Netzwerk wird über eine Sicherheitssoftware abgesichert. Sämtlicher Datenverkehr der Mitarbeiter läuft über *Proxy-Server*. Beim Zugriff auf den WWW-

Server mit der Umfrage oder dem Bestellformular kommt die Fehlermeldung:

```
403 - Forbidden: You don't have permissions to
access / on this server
```

Direkt auf dem Server kann man sich die zugelassenen Verschlüsse-
lungsmechanismen anzeigen lassen:

```
openssl ciphers -v
```

```
ECDHE-RSA-AES256-GCM-SHA384    TLSv1.2   Kx=ECDH
Au=RSA   Enc=AESGCM(256) Mac=AEAD

ECDHE-ECDSA-AES256-GCM-SHA384  TLSv1.2   Kx=ECDH
Au=ECDSA Enc=AESGCM(256) Mac=AEAD

ECDHE-RSA-AES256-SHA384        TLSv1.2   Kx=ECDH
Au=RSA   Enc=AES(256)   Mac=SHA384

ECDHE-ECDSA-AES256-SHA384      TLSv1.2   Kx=ECDH
Au=ECDSA Enc=AES(256)   Mac=SHA384

ECDHE-RSA-AES256-SHA           SSLv3     Kx=ECDH
Au=RSA   Enc=AES(256)   Mac=SHA1

ECDHE-ECDSA-AES256-SHA         SSLv3     Kx=ECDH
Au=ECDSA Enc=AES(256)   Mac=SHA1

SRP-DSS-AES-256-CBC-SHA        SSLv3     Kx=SRP
Au=DSS   Enc=AES(256)   Mac=SHA1

SRP-RSA-AES-256-CBC-SHA        SSLv3     Kx=SRP
Au=RSA   Enc=AES(256)   Mac=SHA1

SRP-AES-256-CBC-SHA            SSLv3     Kx=SRP
Au=SRP   Enc=AES(256)   Mac=SHA1

DHE-DSS-AES256-GCM-SHA384      TLSv1.2   Kx=DH
Au=DSS   Enc=AESGCM(256) Mac=AEAD

DHE-RSA-AES256-GCM-SHA384      TLSv1.2   Kx=DH
Au=RSA   Enc=AESGCM(256) Mac=AEAD

DHE-RSA-AES256-SHA256          TLSv1.2   Kx=DH
Au=RSA   Enc=AES(256)   Mac=SHA256

DHE-DSS-AES256-SHA256          TLSv1.2   Kx=DH
Au=DSS   Enc=AES(256)   Mac=SHA256

DHE-RSA-AES256-SHA             SSLv3     Kx=DH
Au=RSA   Enc=AES(256)   Mac=SHA1

DHE-DSS-AES256-SHA             SSLv3     Kx=DH
Au=DSS   Enc=AES(256)   Mac=SHA1

DHE-RSA-CAMELLIA256-SHA        SSLv3     Kx=DH
Au=RSA   Enc=Camellia(256) Mac=SHA1

DHE-DSS-CAMELLIA256-SHA        SSLv3     Kx=DH
Au=DSS   Enc=Camellia(256) Mac=SHA1
```

```
ECDH-RSA-AES256-GCM-SHA384 TLSv1.2 Kx=ECDH/RSA
Au=ECDH Enc=AESGCM(256) Mac=AEAD

ECDH-ECDSA-AES256-GCM-SHA384              TLSv1.2
Kx=ECDH/ECDSA Au=ECDH Enc=AESGCM(256) Mac=AEAD

ECDH-RSA-AES256-SHA384    TLSv1.2  Kx=ECDH/RSA
Au=ECDH Enc=AES(256)  Mac=SHA384

ECDH-ECDSA-AES256-SHA384 TLSv1.2 Kx=ECDH/ECDSA
Au=ECDH Enc=AES(256)  Mac=SHA384

ECDH-RSA-AES256-SHA           SSLv3  Kx=ECDH/RSA
Au=ECDH Enc=AES(256)  Mac=SHA1

ECDH-ECDSA-AES256-SHA      SSLv3  Kx=ECDH/ECDSA
Au=ECDH Enc=AES(256)  Mac=SHA1

AES256-GCM-SHA384                 TLSv1.2  Kx=RSA
Au=RSA  Enc=AESGCM(256) Mac=AEAD

AES256-SHA256                     TLSv1.2  Kx=RSA
Au=RSA  Enc=AES(256)  Mac=SHA256

AES256-SHA                        SSLv3  Kx=RSA
Au=RSA  Enc=AES(256)  Mac=SHA1

CAMELLIA256-SHA                   SSLv3  Kx=RSA
Au=RSA  Enc=Camellia(256) Mac=SHA1

PSK-AES256-CBC-SHA                SSLv3  Kx=PSK
Au=PSK  Enc=AES(256)  Mac=SHA1

ECDHE-RSA-AES128-GCM-SHA256  TLSv1.2  Kx=ECDH
Au=RSA  Enc=AESGCM(128) Mac=AEAD

ECDHE-ECDSA-AES128-GCM-SHA256 TLSv1.2 Kx=ECDH
Au=ECDSA Enc=AESGCM(128) Mac=AEAD

ECDHE-RSA-AES128-SHA256     TLSv1.2      Kx=ECDH
Au=RSA  Enc=AES(128)  Mac=SHA256

ECDHE-ECDSA-AES128-SHA256   TLSv1.2     Kx=ECDH
Au=ECDSA Enc=AES(128)  Mac=SHA256

ECDHE-RSA-AES128-SHA          SSLv3    Kx=ECDH
Au=RSA  Enc=AES(128)  Mac=SHA1

ECDHE-ECDSA-AES128-SHA        SSLv3    Kx=ECDH
Au=ECDSA Enc=AES(128)  Mac=SHA1
```

```
SRP-DSS-AES-128-CBC-SHA          SSLv3        Kx=SRP
Au=DSS  Enc=AES(128)  Mac=SHA1

SRP-RSA-AES-128-CBC-SHA          SSLv3        Kx=SRP
Au=RSA  Enc=AES(128)  Mac=SHA1

SRP-AES-128-CBC-SHA                  SSLv3  Kx=SRP
Au=SRP  Enc=AES(128)  Mac=SHA1

DHE-DSS-AES128-GCM-SHA256    TLSv1.2    Kx=DH
Au=DSS  Enc=AESGCM(128) Mac=AEAD

DHE-RSA-AES128-GCM-SHA256    TLSv1.2    Kx=DH
Au=RSA  Enc=AESGCM(128) Mac=AEAD

DHE-RSA-AES128-SHA256            TLSv1.2  Kx=DH
Au=RSA  Enc=AES(128)  Mac=SHA256

DHE-DSS-AES128-SHA                  SSLv3  Kx=DH
Au=DSS  Enc=AES(128)  Mac=SHA1

DHE-RSA-SEED-SHA                    SSLv3  Kx=DH
Au=RSA  Enc=SEED(128)  Mac=SHA1

DHE-DSS-SEED-SHA                    SSLv3  Kx=DH
Au=DSS  Enc=SEED(128)  Mac=SHA1

DHE-RSA-CAMELLIA128-SHA      SSLv3        Kx=DH
Au=RSA  Enc=Camellia(128) Mac=SHA1

DHE-DSS-CAMELLIA128-SHA      SSLv3        Kx=DH
Au=DSS  Enc=Camellia(128) Mac=SHA1

ECDH-RSA-AES128-GCM-SHA256 TLSv1.2 Kx=ECDH/RSA
Au=ECDH Enc=AESGCM(128) Mac=AEAD

ECDH-ECDSA-AES128-GCM-SHA256            TLSv1.2
Kx=ECDH/ECDSA Au=ECDH Enc=AESGCM(128) Mac=AEAD

ECDH-RSA-AES128-SHA256    TLSv1.2  Kx=ECDH/RSA
Au=ECDH Enc=AES(128)  Mac=SHA256

ECDH-ECDSA-AES128-SHA256 TLSv1.2 Kx=ECDH/ECDSA
Au=ECDH Enc=AES(128)  Mac=SHA256

ECDH-RSA-AES128-SHA            SSLv3  Kx=ECDH/RSA
Au=ECDH Enc=AES(128)  Mac=SHA1

ECDH-ECDSA-AES128-SHA      SSLv3  Kx=ECDH/ECDSA
Au=ECDH Enc=AES(128)  Mac=SHA1
```

```
AES128-GCM-SHA256                      TLSv1.2  Kx=RSA
Au=RSA  Enc=AESGCM(128) Mac=AEAD
AES128-SHA256                          TLSv1.2  Kx=RSA
Au=RSA  Enc=AES(128)  Mac=SHA256
AES128-SHA                             SSLv3  Kx=RSA
Au=RSA  Enc=AES(128)  Mac=SHA1
SEED-SHA                               SSLv3  Kx=RSA
Au=RSA  Enc=SEED(128) Mac=SHA1
CAMELLIA128-SHA                        SSLv3  Kx=RSA
Au=RSA  Enc=Camellia(128) Mac=SHA1
PSK-AES128-CBC-SHA                     SSLv3  Kx=PSK
Au=PSK  Enc=AES(128)  Mac=SHA1
ECDHE-RSA-RC4-SHA                      SSLv3  Kx=ECDH
Au=RSA  Enc=RC4(128)  Mac=SHA1
ECDHE-ECDSA-RC4-SHA                    SSLv3  Kx=ECDH
Au=ECDSA Enc=RC4(128)  Mac=SHA1
ECDH-RSA-RC4-SHA                 SSLv3  Kx=ECDH/RSA
Au=ECDH Enc=RC4(128)  Mac=SHA1
ECDH-ECDSA-RC4-SHA              SSLv3  Kx=ECDH/ECDSA
Au=ECDH Enc=RC4(128)  Mac=SHA1
RC4-SHA                                SSLv3  Kx=RSA
Au=RSA  Enc=RC4(128)  Mac=SHA1
RC4-MD5                                SSLv3  Kx=RSA
Au=RSA  Enc=RC4(128)  Mac=MD5
PSK-RC4-SHA                            SSLv3  Kx=PSK
Au=PSK  Enc=RC4(128)  Mac=SHA1
ECDHE-RSA-DES-CBC3-SHA            SSLv3     Kx=ECDH
Au=RSA  Enc=3DES(168) Mac=SHA1
ECDHE-ECDSA-DES-CBC3-SHA        SSLv3     Kx=ECDH
Au=ECDSA Enc=3DES(168) Mac=SHA1
SRP-DSS-3DES-EDE-CBC-SHA        SSLv3      Kx=SRP
Au=DSS  Enc=3DES(168) Mac=SHA1
SRP-RSA-3DES-EDE-CBC-SHA        SSLv3      Kx=SRP
Au=RSA  Enc=3DES(168) Mac=SHA1
```

```
SRP-3DES-EDE-CBC-SHA            SSLv3    Kx=SRP
Au=SRP   Enc=3DES(168)  Mac=SHA1

EDH-RSA-DES-CBC3-SHA            SSLv3    Kx=DH
Au=RSA   Enc=3DES(168)  Mac=SHA1

EDH-DSS-DES-CBC3-SHA            SSLv3    Kx=DH
Au=DSS   Enc=3DES(168)  Mac=SHA1

ECDH-RSA-DES-CBC3-SHA       SSLv3   Kx=ECDH/RSA
Au=ECDH  Enc=3DES(168)  Mac=SHA1

ECDH-ECDSA-DES-CBC3-SHA   SSLv3    Kx=ECDH/ECDSA
Au=ECDH  Enc=3DES(168)  Mac=SHA1

DES-CBC3-SHA                   SSLv3    Kx=RSA
Au=RSA   Enc=3DES(168)  Mac=SHA1

PSK-3DES-EDE-CBC-SHA           SSLv3    Kx=PSK
Au=PSK   Enc=3DES(168)  Mac=SHA1
```

In Verbindung mit der vom Browser oder Client zur Verfügung stehenden Schlüsseln wird eine Schnittmenge gebildet. Wenn diese leer ist, kann der Fehler 403 ausgegeben werden – und leicht auf eine falsche Fährte locken.

Dies sei hier extra in dieser Ausführlichkeit dargestellt. Es ist sehr sinnvoll, sich die Dokumentation des „sslciphersuite" Parameters der apache2-Konfiguration näher anzusehen. Denn damit steht und fällt die Sicherheit des verschlüsselten Datenverkehrs des WWW-Servers.

Damit die Verschlüsselung aufgebrochen werden kann, kann auch z.B. über Proxy-Server oder „Sicherheitssuiten" der Datenverkehr entschlüsselt werden. Der dazwischengeschaltete Server baut dann selbst eine verschlüsselte Verbindung zum Ziel-Server auf. Unbedarfte Anwender, die das Zertifikat nicht prüfen, können dies nicht feststellen.

Somit hat „https" durchaus zwei Seiten: Einerseits ist es natürlich zu begrüßen, daß der Datenverkehr verschlüsselt wird. Andererseits müßte die EDV-Basisbildung der Internet-Anwender erhöht werden, so daß Manipulationen an den Zertifikaten nicht nur Experten auffallen.

13.2 Backup

Es ist empfehlenswert, die Dateien rollierend versioniert (jede Stunde der letzten Tage, jeden Tag der letzten Wochen, einmal im Monat der letzten Jahre) abzuspeichern. Hierfür eigenen sich immer mehr „NAS"-Geräte (z.B. *Synology DiskStation*). Für die Sicherung von Befragungsdaten ist es empfehlenswert, mit den Sicherungsmedien ebenso sorgfältig umzugehen und diese nicht z.B. online öffentlich einsehbar abzulegen. Im Zeitalter von Verschlüsselungstrojanern sollte z.B. an das NAS eine externe USB-Festplatte angeschlossen werden, auf die periodisch gesichert wird.

13.3 Das Debian Linux Betriebssystem

Unter Unix gibt es einen Benutzer mit allen Rechten („*root*") und viele Benutzer (z.B. „renate") mit einigen Rechten. Für die normale Arbeit nimmt man einen normalen Benutzernamen, zum Installieren von Programmen nimmt man „*root*".

Die graphische Oberfläche heißt *X-Window* bzw. *Xfree86* oder nur kurz *X*, oder alternativ *Wayland*. Darauf läuft ein Windowmanager, etwa das Programm *KDE* oder *Windowmaker*. Das Beenden der graphischen Oberfläche geschieht mit „Alt"+"Strg"+"Backspace" (falls z.B. die Oberfläche abgestürzt sein sollte).

Wechseln zwischen Terminal-Fenstern und der graphischen Oberfläche: „Alt"+"Strg"+F1 (bzw. F2 bis F6). Wechsel, sobald man im Terminal Modus ist: Nur Alt-Taste und Funktionstaste. Wechsel zurück zur grafischen Oberfläche: Alt+7.

Die Installation von Programmen geschieht auf andere Weise als z.B. unter Windows, entscheidend ist hier der Paketmanager: In einem Konsolenfenster (*xterm*) den Befehl „su" eintippen, um *root* zu werden. Das Programm „*dselect*" starten. Unter „*select*" mit „/" nach Programmen suchen und die gewünschten mit „+" installieren. Nachdem alle Programme ausgewählt sind, mit „Return" den Installationsprozeß starten.

Textverarbeitung: Auf der Arbeitsoberfläche ist ein Symbol „*soffice*" (StarOffice, es gibt auch OpenOffice - oder inzwischen LibreOffice - oder *KWord*). Beim Abspeichern von Dateien auf den richtigen Filter achten (*Word*).

Bezeichnung von Laufwerken: Unter Unix gibt es kein „a:" oder „c:". Hauptverzeichnis ist „/". Programme werden in „*homedirectories*" der Benutzer gespeichert, also z.B. „/home/renate". Code für das Diskettenlaufwerk ist „/dev/fd0" oder „/floppy". Das CD-Laufwerk ist „/cdrom".

Zugriff auf Disketten: In einem Terminalfenster nach dem Einlegen „mount /floppy" eingeben, dann kann über das Verzeichnis „/floppy" auf den Disketteninhalt zugegriffen werden. Vor dem Entnehmen der Diskette „umount /floppy" eingeben. Lesen von MS-DOS-Disketten mit mdir a: und mcopy

Zugriff auf USB-Stick: modprobe usb-storage; Dann als SCSI-Festplatte mounten (in fstab eintragen).

Zugriff auf eine externe USB-Festplatte: modprobe usb-storage; Dann mounten.

13.3.1 ISO-Images auf einem Rechner freigeben und von einem anderen darauf zugreifen

Prüfsumme über heruntergeladene ISO-Images: md5sum –b image.iso

Mounten eines als Datei vorliegenden Images in einem Verzeichnis:

```
mount -o loop image.iso /data
```

Anschließend kann über /data das Image ausgelesen werden – so muß man CDs nicht brennen und es geht zudem viel schneller.

Freigabe von Dateien über *Network File System* (*nfs*): Was freigegeben werden soll, steht in der Datei /etc/exports – Beispiel:

```
xxx:/data2/# more /etc/exports
/data   192.168.2.0/255.255.255.0(rw)
/data   192.168.1.0/255.255.255.0(rw)
/data2  192.168.2.0/255.255.255.0(rw)
/data2  192.168.1.0/255.255.255.0(rw)
#/data  139.30.130.0/255.255.0.0(rw)
/data   127.0.0.1(rw)
/data2  127.0.0.1(rw)
/debian 192.168.1.0/255.255.255.0(rw)
/debian 192.168.2.0/255.255.255.0(rw)
```

Dann den nfs-Kernel-Server starten:

```
/etc/init.d/nfs-kernel-server start
```

Auf dem zugreifenden Rechner muß man die Freigaben in die *fstab* eintragen:

```
yyy:/etc# more fstab
#    /etc/fstab:    static    file    system
information.
#
# <file system> <mnt pt>          <type>
                 <options> <dump>
                 <pass>

192.168.2.196:/data    /data    nfs

rsize=8192,wsize=8192
192.168.2.196:/data2    /data2    nfs

rsize=8192,wsize=8192
192.168.2.196:/debian    /debian    nfs

rsize=8192,wsize=8192
```

Dann z.B. mit *mount /data2* das freigegebene Verzeichnis lokal nach /data2 mounten.

Achtung: nfs sollte nicht internet-weit freigegeben werden – obiges Beispiel betrifft ein nach außen abgeschottetes LAN.

Es ist nicht immer möglich, über *–o loop* gemountete ISO-Images mit *nfs* freizugeben. Statt dessen muß das ISO-Image freigegeben werden, über NFS darauf zugegriffen werden und erst beim ankommenden Rechner mit *–o loop* „ausgepackt" werden.

13.3.2 *Debian-Security*: Debian aktualisieren

Im Beispiel wurde die Standard-14-DVDs-Debian-Linux Version 8.6, "*Stretch*" (die zum Zeitpunkt der Drucklegung der vierten Auflage aktuelle Distribution) installiert.

Der Zugriff auf die Update-Quellen wird in der Datei
/etc/apt/sources.list definiert:

```
$ more /etc/apt/sources.list
#

deb http://ftp.uni-erlangen.de/debian/ stretch
main non-free contrib
deb-src http://ftp.uni-erlangen.de/debian/
stretch main non-free contrib

deb http://security.debian.org/    stretch/up-
dates main contrib non-free
deb-src http://security.debian.org/ /updates
main contrib non-free
```

Dann „*dselect*" starten und auf „u" gehen für *Update*. Die Liste der
neuen Dateien wird heruntergeladen.

Mit „S" updates einspielen bzw. auswählen, mit „/" gezielt nach Programmen suchen und mit *Enter* oder *Shift-q* („Q") *dselect* verlassen.

Wenn man ein Programm ausgewählt hat, das auf anderen Paketen
basiert, kann es zu einem *Dependency*-Konflikt kommen. Mit der
Leertaste aus dem Hilfe-Fenster und mit *Return* die Vorschläge ak-
zeptieren.

Beenden einer Linux-Sitzung mit „shutdown –time now –r" oder
„poweroff" als *root* oder *Alt-Strg-Entfernen* in einem Konsolenfenster.

Häufige Fehlermeldungen:

13.3.2.1 There is no public key available for the following key Ids: 7638D0442B90D010

Lösung:

```
sudo apt-key adv --keyserver keyserver.ubun-
tu.com --recv-keys 7638D0442B90D010
```

13.3.2.2 There is no public key available for the following key Ids: 9D6D8F6BC857C906

Lösung:

```
apt-key  adv  --keyserver  keyserver.ubuntu.com
--recv-keys 9D6D8F6BC857C906
```

13.3.2.3 Upgrade von „Wheezy" auf „Jessie" und sysvinit soll erhalten bleiben

```
vi /etc/apt/preferences.d/use-sysvinit
Package: systemd-sysv
Pin: release o=Debian
Pin-Priority: -1
```

13.4 Auszug aus RFC 2854: The 'text/html' Media Type (ersetzt RFC 1866: Hypertext Markup Language - 2.0 November 1995, T. Berners-Lee, D. Connolly)

Wichtige RFCs im Überblick:

- RFC1866: Hypertext Markup Language 2.0; T. Berners-Lee, D. Connolly; November 1995; Obsoleted by RFC2854; HISTORIC [pub as:PROPOSED STANDARD]

- RFC2388: Returning Values from Forms: multipart/form-data; L. Masinter; August 1998; PROPOSED STANDARD

- RFC2854: The 'text/html' Media Type ; D. Connolly, L. Masinter; June 2000; Obsoletes RFC2070, RFC1980, RFC1942, RFC1867, RFC1866; INFORMATIONAL

13.4.1 Fragebogenspezifische HTML-Tags

13.4.1.1 <form>

Leitet ein Formular ein.

13.4.1.2 <input>

Text oder Textfelder.

13.4.1.3 <textarea>

Mehrzeilige Eingabe von Text

13.4.1.4 <select>

Aufklapp-Liste (*dropdown*): Es kann aus mehreren Elementen aus-gewählt werden, die Liste klappt auf, wenn mit der Maus auf das „Dreieck" geklickt wird oder das Feld ausgewählt wird.

13.4.1.5 <option>

Antwortmöglichkeit bei <select>.

13.4.1.6 <label>

Möglichkeit der Beschriftung eines Eingabeelements.

13.4.1.7 <fieldset>

Gruppierung von Elementen, die dann z.B. mit einem Rahmen verse-hen werden können.

13.4.1.8 <legend>

Beschriftung von <fieldset>.

13.4.1.9 <button>

Schaltfläche.

13.4.1.10 <optgroup>

Gruppierte Auswahl.

13.4.2 Fragebogenspezifische HTML5-Tags

Im Zuge der HTML-Erweiterung „HTML5" wurden weitere formularspezifische HTML-Tags eingeführt. Die meisten modernen Browser unterstützen diese Befehle. Ältere allerdings nicht, somit sollte man beim Design eines Fragebogens die Zielgruppe im Auge behalten und eventuell auf diese Tags verzichten.

13.4.2.1 <output>

Ergebnis einer Berechnung.

13.4.2.2 <progress>

Fortschrittsanzeige.

13.4.2.3 <meter>

Ähnlich einer Fortschrittsanzeige, aber mit Einfärbung in Abhängigkeit von der Höhe des „Meßwerts".

13.4.2.4 <keygen>

Erzeugung eines öffentlichen und privaten Schlüssels.

13.4.2.5 HTML5: Erweiterungen von „input"

Streng genommen gehört dies in den Bereich „Validierung von Inhalten", denn der Browser zeigt, wenn der Typ von ihm nicht unterstützt wird, als Ausweichlösung ein herkömmliches Textfeld an.

Somit hängt es von den Begleitumständen der Umfrage ab: Kann genau kontrolliert werden, daß sämtliche Befragte mit einem HTML5-fähigen Browser die Umfrage bestreiten, kann die serverseitige Prüfung der eingehenden Werte evtl. reduzierter ausfallen.

Generell müssen eingehende Werte immer geprüft werden, auch um z.B. dem Ausnützen von Sicherheitslücken vorzubeugen.

13.4.2.5.1 number

Die Zahl muß zwischen *min* und *max* liegen.

Beispiel:

```
<input type="number" name="nummer" min="1" max="9">
```

13.4.2.5.2 range

Ein Schieberegler, mit dem eine Zahl zwischen *min* und *max* eingestellt werden kann.

Beispiel:

```
<input type="range" name="zufriedenheit" min="1" max="10">
```

13.4.2.5.3 email

Es wird geprüft, ob der eingegebene Text eine valide E-Mail-Adresse darstellt. Diese Funktion sollte unbedingt genau getestet werden, denn es gibt Fälle, bei denen z.B. zweibuchstabige deutsche Adressen (*Top-Level-Domain*, z.B. „info@ix.de") nicht als gültig akzeptiert werden, obwohl diese Adressen zulässig sind.

Beispiel:

```
<input type="email" name="email">
```

13.4.2.5.4 url

URL steht für „*Uniform Resource Locator*", umgangssprachlich eine „WWW-Adresse".

Beispiel:

```
<input type="url" name="url">
```

13.4.2.5.5 search

Für die Eingabe eines Suchtextes.

Beispiel:

```
<input type="search" name="search">
```

13.4.2.5.6 tel

Für die Eingabe einer Telefonnummer.[20]

Beispiel:

```
<input type="tel" name="tel">
```

13.4.2.5.7 output

Für einfache Berechnungen[21].

Beispiel:

```
<form
oninput="x.value=parseInt(a.value) + parseInt(b.value)">
  <input type="number" id="a" value="26">
  +<input type="number" id="b" value="27">
  =<output name="x" for="a b"></output>
</form>
```

Es gibt unter „wiki.selfhtml.org" sowie unter „tas2580.net" Beispiele für *output*, die entweder keine Ausgabe oder „Nan" (wohl *„not a number"*) anzeigten. Zudem könnte es sein, daß JavaScript eingeschaltet sein muß. Zum jetzigen Zeitpunkt ist somit vom Einsatz von *output* eher abzuraten.

13.4.2.5.8 datalist

Wie *select*, aber es können neben der Auswahl vorgefertigter auch freie Texte eingegeben werden.

Beispiel:

```
<input list="browsers" name="browser">
```

---

[20] Wird (Stand: 11/2017) nicht von *Firefox* unter *Debian Linux Wheezy 7.11.0* sowie dem Browser *Microsoft Edge* unter Windows 10 *Fall Creators Update* (Version 1709) unterstützt.

[21] Wird (Stand: 11/2017) nicht von *Firefox* unter *Debian Linux Wheezy 7.11.0* sowie dem Browser *Microsoft Edge* unter Windows 10 *Fall Creators Update* (Version 1709) unterstützt.

```
<datalist id="browsers">
  <option value="Firefox">
  <option value="Safari">
  <option value="Microsoft Edge">
  <option value="Internet Explorer">
  <option value="Chrome">
  <option value="Opera">
  <option value="Anderer: Bitte angeben">
</datalist>
```

13.4.2.5.9 file

Dateien hochladen (Ton- oder Musikdateien sowie Bilder):

Beispiel, „audio":

```
<input type="file" name="audio" accept="audio/*" capture>
```

Beispiel, Bild:

```
<input type="file" name="bild" accept="image/*" capture>
```

13.4.2.5.10 required

Das Formularfeld muß ausgefüllt sein, bevor der Browser das Abschicken zuläßt. Allerdings kann es auch sein, daß diese Prüfung aus welchen Gründen auch immer nicht durchgeführt wird. Eine Gewißheit gibt es somit nicht und die übertragenen Daten müssen in jedem Fall vor der Weiterverarbeitung geprüft werden.

Beispiel:

```
<input type="text" name="nachname" required>
```

13.4.2.5.11 pattern

Der eingegebene Text muß einer bestimmten definierten Zeichenfolge entsprechen (*regular expression*). Ohne *required* erfolgt keine zwingende Prüfung vor dem Abschicken.

Beispiel:

```
<input type="text" name="pin" pattern="[A-Za-z]{1}[0-9]{4}"
title="Ein Buchstabe gefolgt von vier Ziffern." required />
```

13.4.2.5.12 color

Es kann eine Farbe ausgewählt werden. Je nach Browser erscheint eine andere Realisierung, aber Farbton, Sättigung und Helligkeit können meistens getrennt eingestellt werden.

Beispiel:

```
<input type="color" name="farbe" value="#261337">
```

13.4.2.5.13 date, month, week, time, datetime

Die Formate für vollständiges Datum (Tag.Monat.Jahr), Monat („November 2017"), Woche, Uhrzeit („13:37 Uhr"), Datum und Zeit.

Beispiel:[22]

```
<input type="date" name="datum">

<input type="month" name="monat">

<input type="week" name="woche">

<input type="time" name="uhrzeit">

<input type="datetime" name="datumzeit">

<input type="datetime-local" name="datetime-local">
```

13.4.3 HTTP-Post (Auszug aus der HTML 4.0.1 Spezifikation)

```
The     following     example     illustrates
"multipart/form-data" encoding.
Suppose we have the following form:

<FORM action="http://server.com/cgi/handle"
```

---

[22] Wird (Stand: 11/2017) nicht von *Firefox* unter *Debian Linux Wheezy 7.11.0*, aber teilweise von dem Browser *Microsoft Edge* unter Windows 10 *Fall Creators Update* (Version 1709) unterstützt.

```
        enctype="multipart/form-data"
        method="post">
<P>What is your name?
<INPUT type="text" name="submit-name">
<BR>
What files are you sending?
<INPUT type="file" name="files">
<BR>
<INPUT   type="submit"   value="Send">   <INPUT
type="reset">
 </FORM>
```

If the user enters "Larry" in the text input, and selects the text file "file1.txt", the user agent might send back the following data:

```
Content-Type:            multipart/form-data;
boundary=AaB03x--AaB03x
Content-Disposition: form-data; name="submit-
name"

 Larry
 --AaB03x
Content-Disposition: form-data; name="files";
filename="file1.txt"
Content-Type: text/plain

... contents of file1.txt ...
 --AaB03x--
```

If the user selected a second (image) file "file2.gif", the user agent might construct the parts as follows:

```
Content-Type: multipart/form-data;
boundary=AaB03x

 --AaB03x
 Content-Disposition: form-data; name="submit-
name"

 Larry
 --AaB03x
 Content-Disposition: form-data; name="files"
```

```
                Content-Type: multipart/mixed;
boundary=BbC04y

  --BbC04y
                      Content-Disposition: file;
filename="file1.txt"
 Content-Type: text/plain

 ... contents of file1.txt ...
  --BbC04y
                      Content-Disposition: file;
filename="file2.gif"
 Content-Type: image/gif
 Content-Transfer-Encoding: binary

 ...contents of file2.gif...
 --BbC04y--
 --AaB03x--
```

14 Probleme beim *Hosting*

There is no cloud - it's just someone else's computer

Wenn man einen Rechner im Internet anmietet, ist man von mehreren
Akteuren abhängig.
- dem Zugangsprovider des *Hosters*
- dem *Hoster* selbst und dessen Mitarbeitern und weiteren Dienstleistern.

Falls ein „Root-Server" defekt ist, sollte absolut sichergestellt sein, daß
die Festplatten gelöscht werden.

15 Literaturverzeichnis

HTML 4.0.1: Spezifikation (*W3C Recommendation 24 December 1999*): Online unter http://www.w3.org/TR/html401/html40.txt

HTML 5 Erweiterungen: https://tas2580.net/blog/html5-formulare.html

RFC (Request for Comments): Online unter http://www.rfc-editor.org

Fragebögen zum Testen:

- www.surveymonkey.de

- www.questback.de